AF396252

Début d'une série de documents en couleur

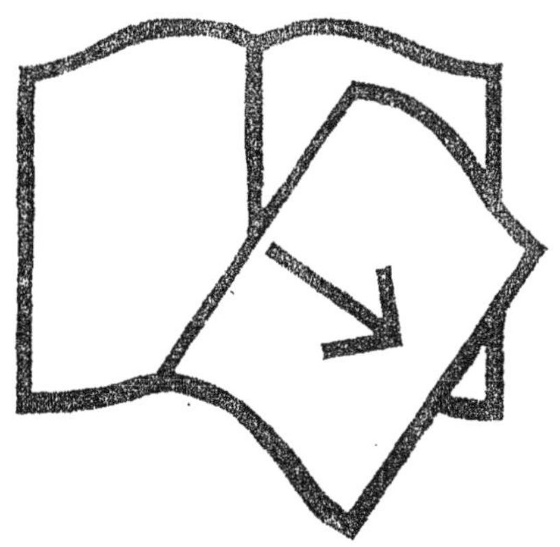

Couverture inférieure manquante

Guibert.

LOUIS GUIBERT

LE

PARTI GIRONDIN

DANS

LE DÉPARTEMENT DE LA HAUTE-VIENNE.

Extrait de la *Revue historique.*

(*Les tirages à part ne peuvent être mis en vente.*)

PARIS
1878.

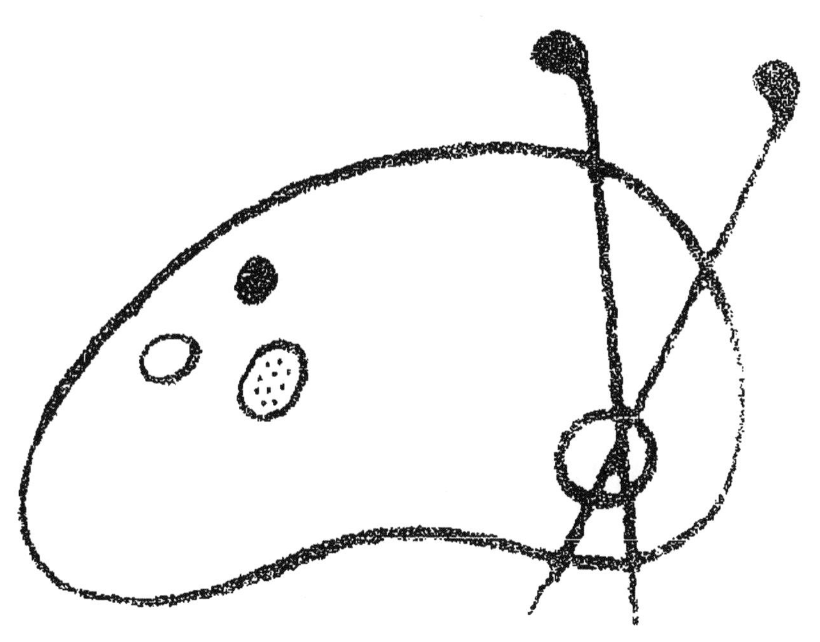

Fin d'une série de documents
en couleur

LOUIS GUIBERT

LE

PARTI GIRONDIN

DANS

LE DÉPARTEMENT DE LA HAUTE-VIENNE.

Extrait de la *Revue historique.*

(*Les tirages à part ne peuvent être mis en vente.*)

PARIS
1878.

LE PARTI GIRONDIN

DANS LE DÉPARTEMENT DE LA HAUTE-VIENNE.

I.

Après la terrible journée du 2 juin 1793, où la Gironde, vaincue, fut abandonnée aux vengeances des Jacobins par la Convention qu'assiégeaient les sans-culottes « à quarante sous », les patriotes « à cinq livres », et les sectionnaires armés aux ordres du comité insurrectionnel de l'Évêché, — devenu la Commune révolutionnaire de Paris, — un certain nombre de députés, appartenant au parti modéré, protestèrent contre la violence faite à l'Assemblée nationale. Comment furent étouffés ces courageux appels au droit, à la justice et à la liberté, tout le monde le sait. Quels échos ils trouvèrent dans les départements, quel accueil ils reçurent des autorités et des populations, quelle impression ils produisirent et à quels sentiments ils répondaient, les historiens l'ont indiqué d'une façon trop incomplète et trop sommaire. On a raconté les tentatives de soulèvement que la

Convention, décimée et soumise, eut à réprimer sur quelques
points du territoire; on connaît l'attitude énergique prise par
trois ou quatre grandes villes. Ce dont on s'est moins rendu
compte, ce à quoi on a moins pris garde, ce sont les doulou-
reuses hésitations, la poignante incertitude auxquelles furent
livrées, pendant plusieurs semaines, dans la plupart des départements, les autorités locales, dont les opinions reflétaient
fidèlement celles de l'immense majorité des citoyens et qui néanmoins se sentaient sans force matérielle et sans appui en présence
de la formidable ligue jacobine. On ne le rappellera jamais
assez : sauf un petit nombre d'énergumènes, de sectaires et
d'ambitieux, tout le monde estimait que le temps était venu
d'enrayer. Jamais, avec autant de lois, avec une aussi complète
organisation à leur service, le gouvernement, l'administration,
la police ne s'étaient montrés aussi impuissants. La journée du
10 août avait été le dénouement sanglant d'une situation sans
autre issue possible qu'une insurrection ou un coup d'État. Ce
jour-là, le peuple avait atteint l'extrême limite des aspirations
les plus hardies : le pays, dégoûté d'un essai constitutionnel qui
n'avait été loyalement pratiqué par aucune des deux parties,
acceptait sans répugnance et sans arrière-pensée le régime républicain; les royalistes étaient vaincus, désarmés, presque
anéantis. La Révolution avait donné ses bienfaits; on n'en
attendait plus que des maux. Les mesures prises contre le clergé,
qui, ménagé, eût fourni de précieux alliés au nouveau régime,
avaient ouvert la voie à l'intolérance et à la persécution. De
menaçants symptômes annonçaient d'effroyables catastrophes.
La France tout entière avait frémi à la nouvelle des massacres
de Versailles, de Lyon et de Paris. Le drame du 21 janvier,
si prévu qu'il fût, avait terrifié le pays, et durant quelques jours
s'était étendu sur toute la république ce redoutable silence,
muette et éloquente protestation, leçon pour les assemblées
comme pour les rois. Partout l'inquiétude grandissait. Tout ce
qu'il y avait de sain et d'honnête dans la population était à
présent avec les Girondins, devenus les chefs et l'espoir du parti
modéré, malgré leurs hésitations, leur défaut d'entente, leur
inconsistance, leurs violences de paroles, malgré les gages qu'ils
avaient donnés au parti des intolérants et la coupable faiblesse
de plusieurs d'entre eux, tant au cours du procès de Louis XVI

que durant les sombres journées de septembre. Depuis lors, il est
vrai, leur attitude était devenue plus ferme; on les avait constamment entendus défendre la liberté et la justice; ils avaient
répudié avec noblesse des alliances dont l'abandon des poursuites
contre les héros des prisons eût été le prix; ils avaient demandé
des comptes aux dilapidateurs et aux pillards, dénoncé les
menées coupables de la Commune, réclamé sans trêve la punition des massacreurs. On venait de voir la commission des
Douze s'attaquer résolûment aux sanguinaires idoles de la plèbe
parisienne; la Gironde avait osé rappeler à Marat, à Hébert que,
malgré leur popularité et la terreur qu'inspiraient leurs noms,
les lois de la République pouvaient les atteindre.

Mais les lois n'avaient pas la force à leur service. L'armée
était occupée à défendre le territoire envahi. Tout au plus l'autorité pouvait-elle disposer de la garde nationale, à laquelle la
formation des bataillons départementaux de volontaires avait
enlevé ses meilleurs éléments, et dont le service commençait
d'ailleurs à lasser les citoyens. Fait que nous avons toujours vu
se reproduire : les gens modérés, paisibles, se retiraient peu à
peu, laissant les agitateurs en possession de l'influence et des
grades. — Encore cette milice, ainsi désorganisée, n'avait-elle pas
semblé aux chefs de l'insurrection promettre une complice assez
docile et assez sûre. On sait comment ils y avaient pourvu dans
Paris. Ailleurs, la garde nationale, complétement métamor-
phosée, transformée en armée permanente de l'émeute, obéissait
aux sociétés populaires dont les chefs, dans la plupart des villes,
la commandaient. Ces clubs, affiliés aux Jacobins, recevant le
mot d'ordre de la société mère, réfléchissant et répandant sur
tous les points du territoire les idées de celle-ci, répétant les
motions, les dénonciations, les menaces qui tombaient chaque
soir de la tribune de la rue Saint-Honoré, avaient commencé,
bien avant la chute de la Gironde, à étendre partout leur inqui-
sition et à exercer une véritable autorité auprès de laquelle
pâlissait peu à peu et s'effaçait chaque jour davantage l'autorité
légale des magistrats.

La Montagne dut son triomphe à cette influence, mise au service d'un petit nombre de meneurs énergiques et visant un but
bien déterminé, à la parfaite discipline des sociétés populaires, à
l'annihilation du pouvoir exécutif, à l'absence de toute tentative

de lutte armée dans Paris, aux mesures prises par la Commune
et les Jacobins pour tromper la province sur les causes et la
portée des événements, à la terreur dont furent frappées les
administrations départementales, débordées par les agitateurs
des clubs, tenues en respect par les décrets révolutionnaires,
placées entre leur devoir et leur impuissance. Un sentiment plus
noble fit taire bien des protestations, contint bien des résistances
et livra au bourreau bien des têtes que la Montagne n'aurait pas
eues sans combat : l'horreur de la guerre civile, le spectacle en-
trevu de l'abîme de maux où de nouvelles luttes intestines préci-
piteraient le pays, déjà entamé à l'ouest par le soulèvement de la
Vendée, au nord par l'invasion étrangère. Mais toutes ces considérations, ce concours fatal de circonstances ne doivent pas
abuser la postérité sur la valeur de la tragique victoire du 2 juin.
Les journées qui l'amenèrent furent préparées par la Commune de
Paris et par les clubs, sans la complicité et contre la volonté du
pays. Ce n'est pas derrière les Jacobins, derrière les pétitionnaires de l'hôtel de ville et des sections qu'au 31 mai 1793
marchait la France. Elle était avec la loi, avec le droit, avec la
liberté, avec la souveraineté du peuple, sur les bancs de la Convention où siégeaient les députés proscrits.

Elle les abandonna cependant, courba la tête sous la tyrannie
de Paris et regarda ses despotes s'entretuer jusqu'au jour où, les
Hébertistes et la Commune réduits au silence, Robespierre jeté
au couteau par des mains indignes d'être les instruments de la
justice nationale, la terreur abandonnant les victimes pour saisir
les bourreaux, la force armée rentrée dans la capitale et les
sections bâillonnées, la Convention et la France eurent enfin
repris possession d'elles-mêmes.

Aux grands historiens seulement il appartient de peindre de
tels tableaux. Le cadre que nous pouvions nous tracer devait
être plus étroit et plus modeste. Nous nous sommes proposé
simplement d'esquisser l'histoire de ce qu'on pourrait appeler la
période girondine de la Révolution dans un département où la
majorité des citoyens avait embrassé avec ardeur, mais sans
exagération, les idées nouvelles. C'est une page à peu près
inconnue de nos annales que nous avons cherché à restituer. Si
restreint que paraisse notre sujet au premier abord, il est loin
cependant de n'offrir qu'un intérêt purement local. Ce qui se

passait à Limoges, en 1792 et 1793, se reproduisait à la même époque, on peut l'affirmer, dans la plupart des villes de la République, et l'histoire d'un département est ici l'histoire du pays presque tout entier.

II.

La Révolution, à ses débuts, trouva les populations du Limousin disposées à accueillir toutes les réformes demandées par les cahiers. A Limoges, en particulier, elle fut saluée avec enthousiasme par la bourgeoisie, et du premier jour il parut manifeste qu'au sein du tiers-état, et même parmi le clergé, les partisans déclarés de l'ancien régime se trouvaient en minorité.

Aucun conflit grave n'éclate pendant les premiers mois; peu à peu cependant, l'opposition royaliste se forme, se groupe et affirme ses sentiments. En face de la Société des *Amis de la Constitution,* — qui s'affiliera plus tard au club des Jacobins et deviendra successivement la Société des *Amis de la Liberté et de l'Égalité,* des *Amis de la République,* puis la *Société populaire,* — s'organise le club de la réaction. Les *Amis de la paix,* — c'est la dénomination choisie par les monarchistes, — sont dénoncés à la municipalité et reçoivent l'ordre de se réunir aux *Amis de la Constitution.* Sur leur refus, l'autorité les dissout. Un nouveau germe de résistance se développe au sein même de la garde nationale : tous les *aristocrates* cherchent à se grouper pour former un corps d'élite. les dragons, lesquels sont aussitôt en butte à la jalousie et aux dénonciations des autres compagnies. Ordre est donné aux dragons de rentrer dans leurs bataillons respectifs. Ils résistent. Plusieurs rixes, plusieurs duels, dans lesquels ils ont le concours des officiers du 22ᵉ régiment de cavalerie (Royal-Navarre) alors en garnison à Limoges, signalent les premiers mois de l'année 1791. A la suite d'une scène sanglante, le 16 mai, deux ou trois dragons sont mis en état d'arrestation ; le corps est licencié et désarmé.

Le parti royaliste comptait des adhérents au sein même de l'administration communale : six officiers municipaux seulement prirent part à la délibération qui licencia les dragons. Les chefs

du parti constitutionnel avaient organisé contre ceux-ci un péti-
tionnement imposant[1], et le même jour, à la même heure, on
avait vu arriver à Limoges, de tous les points de la Haute-
Vienne, des délégués chargés de demander la dissolution des
« suppôts de l'aristocratie », sur le compte desquels on répan-
dait les calomnies les plus absurdes.

Lors du grand incendie qui, au mois de septembre 1790,
dévora tout un quartier de la ville, les officiers et les soldats de
Royal-Navarre avaient fait preuve du plus courageux dévouement. La municipalité, pour leur témoigner sa reconnaissance,
leur avait décerné le titre de citoyens de Limoges ; mais il suffit
de quelques mois pour effacer le souvenir des services rendus en
cette occasion par le régiment. Il s'était montré peu empressé à
fraterniser avec la garde nationale ; ses chefs entretenaient des
relations amicales avec les dragons ; c'en était assez. On sollicita
le renvoi de ce corps dans une autre garnison. Les royalistes
protestèrent, se réunirent et signèrent une pétition au roi, pour
conserver Royal-Navarre ; ils obtinrent l'appui de l'administration départementale, dont le président, Pétiniaud de Beaupeyrat,
une des notabilités du parti royaliste modéré, était en lutte
ouverte avec le procureur syndic Dumas, tout dévoué aux idées
nouvelles. Ce dernier l'emporta néanmoins et le 22e régiment
reçut l'ordre de quitter Limoges.

La crise des subsistances s'ajoutait à la crise politique, et elle
seule, à vrai dire, pouvait faire concevoir de sérieuses inquiétudes aux autorités. Là était la gravité de la situation : du prix
du pain, par dessus tout, dépendait la tranquillité publique. —
Jusqu'à ce moment, la bourgeoisie avait été l'âme de la Révolution ; les artisans et les ouvriers des villes, chez lesquels l'esprit
municipal s'était singulièrement affaibli depuis le xvie siècle,
semblaient peu se préoccuper encore de la question de régime et
de gouvernement en elle-même. Assurément, les grands jours
qui avaient signalé le début de la crise ne les avaient pas trouvés
indifférents ; la solennité des premières fêtes constitutionnelles
leur avait laissé une vive impression ; les paroles enflammées de
l'ancien dominicain Foucaud, devenu l'aumônier de la garde

---

1. *Mémoire justificatif de Dumas, président du tribunal criminel*, et pièces
diverses.

nationale, n'avaient pas retenti à leurs oreilles sans leur souffler au cœur les tumultueux sentiments dont elles gardaient l'écho ; le service égalitaire de la nouvelle milice était, pour eux, un passe-temps, un devoir facile dont ils prenaient leur part avec une certaine fierté. Mais les événements n'avaient jusqu'ici éveillé chez eux que des aspirations confuses et un enthousiasme passager. Les populations rurales, au contraire, comprirent dès le premier jour la portée de la Révolution, dont elles pouvaient mesurer les bienfaits. Elles supportaient presque tout le poids de mille charges : dîmes, redevances, droits seigneuriaux, que l'avénement du nouveau régime venait de supprimer. La classe laborieuse des villes en avait moins souffert ; l'antagonisme social de la vieille organisation féodale s'était singulièrement atténué pour elle ; la vie municipale, qui lui imposait des devoirs inconnus aux habitants des campagnes, lui assurait en revanche des garanties considérables, dont la plupart avaient survécu à la ruine de l'autonomie communale. Mais le haut prix des subsistances, la rareté du travail, la misère qui jeta les artisans et les ouvriers sur le pavé, les amenèrent à prendre une part active et à certains jours prépondérante dans les événements. La faim ou plutôt l'inquiétude, l'appréhension d'une disette complète fut la véritable cause des premières agitations populaires qui se produisirent dans le département de la Haute-Vienne. Les meneurs avaient là à leur disposition un puissant levier pour soulever le peuple : celui-ci, tenu sans cesse en haleine, était toujours prêt à suivre l'impulsion de ceux qu'il s'était peu à peu habitué à considérer comme ses protecteurs et ses amis. De 1788 à 1792, chaque année fut marquée à Limoges par des émeutes qui eurent parfois une certaine gravité. Dans le courant de 1792, l'autorité eut à réprimer des mouvements sur plusieurs points, au Dorat notamment et à Magnac, où il fallut envoyer deux cents gardes nationaux et plusieurs brigades de gendarmerie.

Après la fuite du roi, les constitutionnels, dans la Haute-Vienne comme dans le reste du pays, furent partout débordés. La plupart acceptèrent les faits accomplis et accentuèrent leurs discours et leur attitude dans le sens des événements. Quelques-uns seulement demeurèrent fidèles aux principes qu'ils avaient professés dès le début de la Révolution et furent dès lors confondus dans une même réprobation et une même haine avec les royalistes de la première heure. Le parti républicain commença à donner des signes de vie et ne tarda pas à réclamer la direction des affaires. Les administrations comptaient encore un certain nombre de membres appartenant aux diverses nuances du parti monarchiste. On résolut de s'en débarrasser. Le président du Département, Pétiniaud de Beaupeyrat, se montrait déjà las des tracasseries incessantes dont il était l'objet : on réussit à ameuter le peuple contre lui à propos du retard apporté à la réouverture de l'église Saint-Thomas-d'Aquin, et M. de Beaupeyrat, attristé, découragé, abreuvé de dégoûts, se décida à se retirer. Le maire, M. Naurissard, tenait bon. De ce côté se porta l'effort des meneurs. Ancien constituant, directeur de la Monnaie, possédant une belle fortune et de grandes relations à Paris, M. Naurissard s'était créé à Limoges une nombreuse clientèle d'amis et d'obligés. Son influence portait ombrage à quelques officiers municipaux et à quelques membres du Département, que sa situation personnelle éclipsait et dont son crédit auprès de la bourgeoisie gênait les projets. Un incident tout à fait étranger à la politique fournit aux ennemis du maire l'occasion qu'ils attendaient; ils n'eurent garde de la laisser échapper. Deux commissaires envoyés par la ville dans le département de l'Indre, à l'effet d'y acheter des grains, faillirent être victimes d'une émeute à Châteauroux. A leur retour ils incriminèrent la conduite de leurs prédécesseurs, avec lesquels ils avaient engagé une vive polémique et qu'on affectait de représenter comme les agents personnels de M. Naurissard. Invités à rendre leurs comptes devant l'administration communale, ces délégués demandèrent avec insistance à être entendus en présence des autorités réunies et du peuple. La municipalité pensa agir sagement et prévenir des désordres en maintenant son premier arrêté et en répondant à ses commissaires qu'au mandant seul il appartenait de recevoir les comptes de ses fondés de pouvoirs. A la nouvelle de cette décision, perfidement exploitée par quelques agitateurs, une vive effervescence se manifesta dans le public. Le 26 février, une proclamation fut publiée, exhortant les citoyens au calme et interdisant les rassemblements; elle resta sans effet, et comme la situation devenait inquiétante, le corps municipal appela pour protéger le lieu de ses séances un détachement de gendarmerie et la garde nationale; mais le maire avait eu soin

de ne faire convoquer dans les compagnies que les hommes sur
lesquels il croyait pouvoir compter. Cette précaution acheva
d'exaspérer les esprits. On répandit le bruit d'un complot formé
contre la vie des patriotes, d'une tentative contre-révolution-
naire. On racontait que le projet avait été formé d'assassiner
les deux délégués, afin d'étouffer leurs accusations contre Naurissard et ses amis; qu'à la Monnaie, sous la direction du maire,
on fabriquait secrètement des armes; que les officiers et ouvriers
de cet établissement devaient fournir le noyau de la troupe royaliste qui mettrait à la raison les amis des lois. Ces rumeurs
n'étaient pas fondées et il ne fut pas difficile à M. Naurissard de
démontrer leur absurdité. L'émeute n'en éclata pas moins. La
foule assiégea, le 27, l'hôtel de l'Intendance, où tous les corps
constitués tenaient leurs réunions, chacun dans un local distinct.
La gendarmerie (ses chefs furent, s'il faut ajouter foi aux en-
quêtes faites pendant la Terreur, encouragés par la femme du
maire et plusieurs autres dames qui se montrèrent, parées de
cocardes blanches et de rubans blancs, aux fenêtres de l'hôtel des
trésoriers de France, placé en face de l'Intendance) reçut l'ordre
de charger l'émeute; des gardes nationaux s'interposèrent. Mais
l'exaspération du peuple était si grande que, pour éviter une
collision, on dut faire retirer les cavaliers. Ils rentrèrent à leur
caserne, poursuivis par une grêle de pierres. Deux coups de feu
avaient retenti dans la bagarre, sans toutefois que personne eût
été atteint. Pendant que la garde nationale s'efforçait d'écarter
les émeutiers du lieu des séances de la municipalité, la salle du
Département était envahie et sous la pression de la foule, excitée
par quelques meneurs, le Département et le District durent
promettre au peuple que ses désirs seraient remplis. Plusieurs
membres des corps administratifs furent maltraités et ce ne fut
pas sans peine que M. Naurissard et quatre autres officiers municipaux parvinrent à se soustraire à la fureur de la populace[1].

Ces faits se passaient le 27 février 1792. Le lendemain, satisfaction fut donnée à l'émeute; les deux délégués purent accuser
leurs prédécesseurs et le maire devant une assemblée composée

---

1. Voir Archives de la Haute-Vienne : *Relation et procès-verbal de ce qui s'est
passé depuis quelques jours à Limoges, notamment les lundi et mardi 27 et 28
du mois dernier*, L 336; l'enquête faite plus tard, L 478; enfin diverses liasses et
registres tant aux archives du département qu'à l'hôtel de ville de Limoges.

de tous les corps administratifs et de commissaires de toutes les
compagnies de la garde nationale. Mais le peuple ne se calma
point : des hommes armés de haches et de bûches se portèrent
chez plusieurs notables en proférant des menaces. L'hôtel de
M. Naurissard fut envahi; la garde nationale y opéra des per-
quisitions qui n'amenèrent d'ailleurs aucune découverte com-
promettante et le mai planté devant la porte du maire fut enlevé.
Les jours suivants l'agitation continua ; plusieurs ecclésiastiques
furent maltraités et la foule brisa les portes du Refuge. Le
Refuge était un couvent où, disait-on, se cachaient des prêtres
insermentés. La haine du clergé était un des sentiments auxquels
non-seulement les meneurs de la populace, mais les hommes
d'allures graves, et relativement modérés du parti avancé, faisaient le plus volontiers appel; ils se servaient de ces colères
irraisonnées de la foule contre les prêtres, comme jadis Choiseul
de l'horreur des Parlements pour les Jésuites : l'effet était
infaillible. La question religieuse, qu'avec un esprit si peu politique l'Assemblée avait fait naître, qui avait déjà causé bien des
difficultés, qui devait amener tant de violences et de crimes, joua
pendant toute la période révolutionnaire un rôle dont on ne tient
pas assez compte et qu'on est trop porté à limiter aux seuls
départements de l'ouest. — « Nous ne vous dissimulons pas »,
écrivaient le 28 juin 1792 les administrateurs de la Haute-
Vienne au ministre de l'intérieur Terrier, « que *la différence
des opinions religieuses a été le sujet le plus ordinaire des
divisions qui ont agité et agitent encore les citoyens.* » Il
devait en être et il en sera toujours ainsi.

M. Naurissard avait quitté Limoges, mais il n'avait pas
voulu donner sa démission. De Paris il écrivait le 10 mars à ses
collègues de la municipalité, dont il continuait à partager les
travaux, les soucis et les inquiétudes :

Mes chers collègues et amis,

Malgré les fatigues d'un voyage pénible et douloureux, ma faible
santé a résisté. Je suis arrivé dans la capitale. Mon premier et mon
unique soin doit être de procurer des secours à nos concitoyens que
le malheur a égarés ; mais, outre que le moment n'est pas favorable,
à cause des mouvements ministériels dont vous aurez connaissance
dans les papiers publics, je crois qu'il est sage de ne parler des trou-

bles qui ont agité notre ville qu'après que vous m'aurez fait part des démarches que les corps administratifs et vous devez avoir faites, soit auprès du ministre de l'intérieur, soit auprès de l'Assemblée législative. Nous devons aller d'accord... Veuillez m'envoyer copie de tous les procès-verbaux *de précaution* que nous avions faits pour prévenir les événements qui ont eu lieu le lundi et jours suivants, et enfin de tout ce qui peut être relatif à cette malheureuse journée.

Faites-moi part encore de vos peines, de vos craintes pour les subsistances que vous êtes sans doute dans l'intention, ainsi que moi, de laisser toujours au même prix, n'importe le sacrifice qu'il faudra faire. Ce qui m'inquiète le plus, c'est la libre circulation que je tremble de voir interrompue par les insurrections presque générales que nous apprenons tous les jours. Faites-moi part enfin de tout ce qui intéresse le bonheur public, afin que je partage ici vos peines et vos travaux et que j'y remplisse une tâche qu'il me serait plus doux de suivre auprès de vous [1].

Et quelque temps après, laissant voir à ses collègues la tristesse qui remplissait son cœur :

L'amertume que m'a causée notre séparation est chaque jour aggravée par le tableau de vos nombreux travaux que je ne peux pas partager. Je tâche d'adoucir mes peines en utilisant, autant que ma santé le permet, mon séjour dans la capitale ; mon cœur, froissé dans tous les sens, serait privé de toute énergie sans les vertus patriotiques qui soutiennent mon âme et sans l'espoir de retrouver une opinion que la calomnie même n'aurait jamais dû altérer. Vous me rendrez cette justice parce que vous me connaissez bien [2].

M. Naurissard se retira à Rouen, puis à Bordeaux. Il fut déclaré démissionnaire quelques mois seulement après son départ de Limoges.

La crise des subsistances continuait : sous l'influence des appréhensions de disette et des excitations de quelques ambitieux, l'agitation politique, jusqu'à ce moment limitée à la bourgeoisie, gagnait décidément la classe inférieure. Les finances de la ville de Limoges étaient dans l'état le plus déplorable. Le produit des souscriptions et des emprunts disparaissait avec une

----

1. Collection Nivet-Fontaubert, à Limoges.
2. Coll. Nivet-Fontaubert. Lettre du 8 mai 1792.

effrayante rapidité. Dès 1792 la commune n'avait plus de crédit; elle se débattait au milieu de difficultés inextricables, et les secours de l'État étaient absorbés avant d'être reçus. La détresse était si grande qu'à la séance du 30 octobre un membre du conseil général proposa d'employer en achats de grains les assignats déposés à la caisse des billets dits *de confiance* dont ils étaient le gage : motion qui, du reste, fut écartée à l'unanimité. De nouvelles charges étaient venues s'imposer à mesure que diminuaient les ressources, et on approchait de l'instant où l'état des recettes et dépenses de la ville allait présenter ces deux articles caractéristiques qui en disent plus long que des volumes entiers sur la situation administrative de Limoges à cette époque :

Impressions, fournitures de bureau, chauffage et éclairage de la mairie et des corps de garde   7650 l.

Entretien des pavés, places et fontaines   400 l. [1]

III.

Dès 1791, un commencement d'antagonisme s'était manifesté entre l'administration du département et celle de la ville. L'affaire des dragons et du départ de Royal-Navarre avait failli amener un éclat. Néanmoins, la retraite de M. Pétiniaud de Beaupeyrat et de quelques autres administrateurs avait donné satisfaction au parti avancé, et malgré certains tiraillements, les divers corps constitués, qui commençaient à compter avec la Société des *Amis de la Constitution,* devenus les *Amis de la liberté et de l'égalité,* fonctionnaient côte à côte en assez bonne intelligence.

Les événements de juin 1792 détruisirent cette harmonie relative. Le président du directoire du département, M. Joseph Durand de Richemont, qui avait rempli la charge d'officier municipal à Limoges, appartenait à la fraction avancée du parti

1. On peut consulter, sur la situation des finances de la ville de Limoges et la question des subsistances pendant la période révolutionnaire, deux articles publiés par nous dans l'*Almanach limousin* (années 1872 et 1873).

constitutionnel; mais il était d'un caractère indépendant et professait un grand attachement à la légalité. Quand la nouvelle de l'invasion des Tuileries lui parvint, il réunit ses collègues et leur proposa d'envoyer une adresse au roi. Trois des administrateurs, MM. Garat de Nedde, Garabeuf et Génébrias, la signèrent avec lui; les autres ne crurent pas devoir prendre part à cette démarche, qui fut dénoncée à la tribune des *Amis de la liberté*. La Société décida que des félicitations seraient officiellement envoyées aux membres du Département qui avaient refusé de s'associer à cette manifestation. La destitution des quatre signataires de l'adresse fut demandée; toutefois plusieurs semaines se passèrent sans que le club donnât d'autres témoignages de son ressentiment à l'égard des administrateurs.

Après la journée du 10 août, qui consomma la défaite de la monarchie, un certain nombre de directoires et de conseils généraux de départements protestèrent contre la violence faite à celui qui était encore le premier fonctionnaire de l'État. Les administrateurs de la Creuse, inquiets des événements qui se préparaient, envoyèrent à Limoges deux de leurs collègues, MM. Jabin et Coutisson; ceux-ci étaient porteurs d'une lettre dans laquelle le Département de la Creuse invitait celui de la Haute-Vienne à se concerter avec lui sur les mesures à prendre « pour sauver l'empire ou tout au moins pour assurer le salut de la partie dont l'administration lui était confiée ». Cette démarche n'eut pas plus tôt transpiré qu'elle fut dénoncée par un certain nombre de citoyens; on demanda la mise en jugement, devant la haute-cour, des promoteurs d'aussi dangereuses menées et leur punition. Le conseil général de la Haute-Vienne, assemblé, avait accueilli avec une défaveur marquée le message des administrateurs de la Creuse, improuvé leur conduite et décidé que leur lettre, la pétition et les délibérations et arrêtés auxquels elle avait donné lieu seraient imprimés pour être envoyés à l'Assemblée et aux quatre-vingt-deux départements[1].

L'attitude des administrateurs en cette occasion était de nature à mériter les éloges de la Société des *Amis de la liberté;* néanmoins tous n'avaient pas repoussé les ouvertures du département de la Creuse avec la même énergie, la même netteté. On remit

---

1. Bibliothèque de Limoges. Recueil factice Hh 1137 *bis,* n° 53.

sur le tapis l'adresse de M. Durand de Richemont et de ses collègues après le 20 juin : à la tribune du club, Gay-Vernon, vicaire épiscopal, frère de l'évêque constitutionnel, — il fut plus tard élu membre du Département, — incrimina vivement les signataires de cette pièce et surtout le président. Celui-ci fut sommé de se présenter à la première réunion pour rétracter son adresse au roi : à défaut de quoi il serait rayé du tableau des membres de la Société[1].

Ces faits se passaient le 16 au soir. Le lendemain une foule considérable envahit les abords de l'hôtel où siégeait le Département et réclama l'épuration de l'administration. Le conseil général fut convoqué; pendant qu'il délibérait, quelques citoyens lui firent passer une déclaration par laquelle ils protestaient ne plus reconnaître comme leurs mandataires cinq des membres du directoire : ils exigeaient leur remplacement immédiat par des commissaires provisoires, et la destitution du secrétaire général. Le conseil était invité « à statuer sans désemparer, vu l'affluence du peuple et les dangers qui pourraient en résulter ». Les pétitionnaires pénétrèrent dans la salle des séances; un des membres de l'administration fut frappé, et plusieurs quittèrent la salle. Quant au président, il dut obéir à l'ordre de la Société des *Amis de la liberté,* se rendre au club et présenter ses explications, qui furent accueillies avec une médiocre faveur. Néanmoins, comme il avait donné des gages sérieux de civisme et qu'il rendait de grands services au pays, on consentit à se contenter de la marque de déférence qu'on avait obtenue de lui et il fut « réhabilité ». Trois des administrateurs ne parurent plus aux séances du Département.

L'émeute avait encore une fois reçu satisfaction. Sous l'influence des excitations révolutionnaires de Paris et des échos qu'elles trouvaient à la tribune de la Société de Limoges, l'agitation se maintint et passa à l'état chronique. Les motions antireligieuses commençaient à se produire, au club, sous des formules moins vagues et dépouillaient les déguisements philosophiques dont elles s'étaient jusqu'alors affublées. On demandait l'expulsion des prêtres réfractaires, le désarmement et l'arrestation des suspects, la taxe sur les riches. La Société des *Amis de la*

---

1. Registres de la société populaire conservés à l'hôtel de ville de Limoges.

liberté, déjà affiliée aux Jacobins de Paris, s'efforçait à son tour d'étendre son influence et de rattacher à son action celle des clubs déjà établis dans beaucoup de localités de la Haute-Vienne; elle exerçait même une sorte de patronage sur plusieurs Sociétés de la Creuse et de la Corrèze; dès ce moment elle travaillait à en établir partout et à compléter dans le département l'organisation révolutionnaire, faisait une active propagande au profit de l'idée républicaine, recevait la visite des officiers, des fonctionnaires de passage à Limoges. Elle était convoquée aux cérémonies, y assistait en masse ou y envoyait des commissaires. Les corps constitués acceptaient ses avis et admettaient son ingérence dans les affaires administratives, lui déléguaient même certaines attributions. A dater des premiers mois de l'année 1793, elle prenait place parmi les autorités qu'elle devait bientôt dominer.

Dès les commencements de la Révolution, il y avait eu des suspects : c'étaient les hommes notoirement hostiles aux idées nouvelles. A ces premiers *aristocrates* on avait bientôt joint les parents d'émigrés et une partie considérable, la meilleure, du clergé : à Limoges, on rangeait dans la même catégorie tous les bourgeois qui avaient appartenu à la Société des *Amis de la paix* et au corps des dragons, les familiers de M. Naurissard, le personnel presque entier de la Monnaie et divers notables, parmi lesquels l'ex-président du directoire de la Haute-Vienne, Pétiniaud de Beaupeyrat. Celui-ci avait, en 1789, étant maire, sauvé au prix des plus grands sacrifices la population pauvre des horreurs de la famine : des envieux avaient réussi, en répandant sur son compte mille calomnies, à faire considérer ce généreux citoyen comme un des plus redoutables ennemis de la chose publique. — Ces suspects, on ne les arrêtait pas encore, mais on travaillait à les chasser de tous les emplois; on les vexait sans cesse; on les dénonçait partout et à tout propos, leur imputant les troubles auxquels avaient donné lieu, à diverses époques, la pénurie des subsistances, le prix élevé du pain, l'émotion causée par les nouvelles de Paris, les intrigues mêmes et les manœuvres des agitateurs. Les lois sur les émigrés et les prêtres réfractaires remplissaient déjà les prisons. La populace, affolée par les discours brûlants de l'Assemblée et des clubs, poursuivait les ecclésiastiques de ses huées, de ses insultes, de ses menaces. L'un d'eux, l'abbé Chabrol, bien connu à Limoges, où il jouissait d'une certaine popularité, fut assailli dans une rue par la foule, le 15 juillet 1792; malgré les efforts de plusieurs officiers municipaux, le malheureux prêtre fut arraché d'une maison où il s'était réfugié, et massacré avec d'horribles raffinements de cruauté. Le même jour, à la tribune du club, on demanda l'emprisonnement de tous les ecclésiastiques réfractaires et le désarmement des personnes suspectes.

Mais ces excès, résultats faciles à prévoir de l'irritation entretenue dans le peuple et de l'affaiblissement de l'autorité chargée de maintenir l'ordre, n'étaient le fait que d'un petit nombre d'énergumènes. Si les esprits s'habituaient à l'idée d'un nouveau régime, l'immense majorité des citoyens n'en réprouvait pas moins les violences. La contradiction, la lutte était vive, énergique, incessante; mais à part les mesures prises, conformément aux lois, à l'égard des émigrés et des prêtres insermentés, on ne persécutait pas encore. Les hommes qui manifestaient des opinions exagérées étaient tenus à l'écart. Quand le moment vint de désigner les députés chargés de représenter le département à la Convention nationale, les suffrages se portèrent sur des candidats profondément imbus de l'esprit nouveau, et qui tous avaient donné des gages à l'ordre de choses inauguré en 1789, mais qui, à une seule exception près, se rattachaient au parti modéré. La plupart n'étaient même pas des républicains de bien ancienne date et avaient appartenu à la fraction la plus avancée du parti constitutionnel.

Les sept représentants élus furent : Michel Lacroix, procureur syndic du district de Bellac; Benoît Lesterpt-Beauvais, receveur du district du Dorat, ancien député à la Constituante; Pardoux Bordas, premier ... ribunal de Saint-Yrieix; Gabriel Faye, de La Roche-A ... ien membre du Département; Léonard Gay-Vernon, ancien curé de Compreignac, évêque constitutionnel de la Haute-Vienne; François Rivaud du Vignaud, ancien procureur syndic du district du Dorat, lieutenant de gendarmerie dans cette ville, et Jean-Baptiste Soulignac, homme de loi, procureur syndic du district de Limoges, — les quatre premiers au premier tour de scrutin. Trois des nouveaux députés : Faye, Bordas et Gay-Vernon étaient membres de l'Assemblée législative. — Lesterpt aîné, premier juge au tribunal du Dorat, Pierre Dumas, ancien procureur syndic du département, président du tribunal criminel, et Genty de La Borderie, juge au tribunal de Bellac, furent désignés comme suppléants.

L'assemblée électorale se tint dans l'église du Dorat. Au cours des opérations, qui, commencées le 2 septembre, ne furent terminées que le 6, plusieurs motions dignes d'intérêt se produisirent. On agita notamment la question de savoir si le corps électoral devait donner des pouvoirs illimités aux représentants, et elle fut résolue par un vote affirmatif. Plus tard un des membres présents demanda à l'assemblée de décider que les députés seraient rappelés s'ils étaient dénoncés par la Société des Jacobins comme ayant enfreint leur serment et compromis la chose publique. La motion fut écartée.

Le club de Limoges, qui n'était probablement pas étranger à cette proposition, ne garda pas rancune de son rejet aux nouveaux représentants. Il adressa même ses félicitations aux membres de la Législative qui venaient d'être réélus. La Société des *Amis de la liberté* avait, il est vrai, patronné tous les candidats choisis par l'assemblée électorale : ils lui avaient semblé offrir de suffisantes garanties. Des sept députés nommés, toutefois, un seul appartenait dès lors au parti de la gauche et exerçait dans le milieu jacobin une certaine influence ; c'était l'évêque Gay-Vernon, homme intelligent, énergique, plus avide d'influence et d'autorité qu'ambitieux de fonctions et d'honneurs, désireux d'être le premier dans son département, mais ne cherchant pas à jouer, sur un plus grand théâtre, un rôle auquel il lui eût été assurément permis de prétendre. Son attitude à l'Assemblée législative avait été assez effacée ; il commença néanmoins à remplir dès cette époque le rôle qu'il devait conserver durant trois années, celui de correspondant attitré à Paris du parti révolutionnaire dans la Haute-Vienne et de directeur de l'opinion publique dans ce département. Il entretenait avec le club du chef-lieu une correspondance régulière et lui donnait chaque jour la note de l'opinion républicaine. Trait d'union entre les Jacobins de Paris et ceux de Limoges, il demeura longtemps le véritable chef de ces derniers et l'inspirateur de leurs délibérations. Son influence, que balança à certains moments celle du gendre de Pache, Xavier Audoin, ne commença à baisser que peu de semaines avant le 9 thermidor.

IV.

La lutte entre la Gironde et la Montagne, commencée à l'Assemblée législative, se poursuivit à la Convention. Elle prit, au cours du procès de Louis XVI, un caractère d'ardeur et d'animosité qu'elle ne devait plus dépouiller. Les rivalités de groupes, les ressentiments individuels envenimaient toutes les discussions et venaient sans cesse substituer des querelles personnelles à l'objet véritable des débats. Au mois de mars, cet antagonisme furieux se donna pleine carrière. Dès ce moment, les deux partis, selon le mot de M. Louis Blanc, « appartiennent à la haine »[1] et on peut prévoir le sort qui attend le vaincu.

Hommes d'opposition redoutables, hommes de gouvernement d'une impuissance absolue, les Girondins perdirent leur force du jour où ils furent arrivés au pouvoir. Leurs chefs étaient des théoriciens distingués, comme Brissot, de puissants orateurs, comme Vergniaud ; mais le parti n'avait à mettre aux affaires que des personnages de second ordre, médiocres à tous égards, maladroits, raides, pleins de morgue et d'emphase, sans pratique des hommes, sans autorité et sans prestige : des Pétion et des Roland. Divisés sur presque toutes les questions, manquant de tact, de conduite, de discipline, les Girondins devaient fatalement succomber dans une lutte à laquelle ils n'étaient pas préparés ; mais ils honorèrent à jamais leurs derniers jours et rachetèrent bien des fautes, bien des faiblesses, en défendant la liberté, la justice, l'intégrité de la représentation nationale et en tentant, au prix de leur vie, d'épargner à la France la sanglante crise de la Terreur.

Ils furent cependant complices, par défaut d'énergie ou par aveuglement politique, des mesures qui préparèrent l'avénement de l'odieux régime. La plupart d'entre eux votèrent les lois de mars et d'avril 1793 qui créèrent le comité de salut public, les comités locaux de surveillance, le tribunal révolutionnaire et qui mirent la suspicion à l'ordre du jour.

Malgré les efforts des meneurs jacobins, Limoges et les villes

---

1. Louis Blanc. *Histoire de la Révolution française*, livre IX. Passions et idées.

voisines n'entrèrent pas sans hésitation dans le mouvement. Il
fallut que la faim, la misère, l'oisiveté et surtout les haines pri-
vées s'en mêlassent. Le 16 décembre 1792, à la nouvelle des
émeutes qui venaient d'éclater sur divers points du département,
notamment au Dorat, la foule, surexcitée par les inquiétudes de
tout genre que faisait naître l'annonce du procès du roi et
des événements de guerre, se porta aux abords de l'hôtel où
siégeaient les diverses administrations. Une pétition demanda
l'arrestation de plusieurs citoyens : Naurissard, Grellet, Lamy
et l'ancien commandant des dragons, Mailhard de la Couture.
« L'épidémie des insurrections se répand avec une effrayante
rapidité, » disaient les pétitionnaires ; « la cherté des grains en
est le prétexte ; mais la marche des insurgents annonce un grand
complot contre la patrie. » Ils désignaient à l'autorité « les
hommes dont la honteuse fortune insultait à la misère publique »
et demandaient qu'ils fussent « mis en otage dans un lieu de
sûreté jusqu'au parfait rétablissement de l'ordre. » Sur l'avis
favorable de la municipalité et du District, le Département ordonna
l'arrestation de quatre suspects : un seul, M. Grellet, put être
saisi. On le relâcha peu après.

Au mois de mars suivant, deux représentants en mission arri-
vèrent dans le pays. C'étaient Bordas, député de la Haute-Vienne,
et Borie, député de la Corrèze. Des désordres avaient signalé,
dans un assez grand nombre de localités, les opérations du recrutement ; à Limoges, plusieurs personnes avaient été arrêtées ; à
Saint-Mathieu, le commissaire du Département avait été mal-
traité et blessé. Dans une douzaine de communes, on n'avait ins-
crit que des hommes hors d'état de porter les armes. Borie et
Bordas, envoyés dans la Haute-Vienne pour porter un prompt
remède à cet état de choses, avaient été précédés à Limoges par
cette lettre collective des députés du département :

Citoyens,

Nous avons appris avec peine le désordre occasionné par quelques
citoyens, sans doute égarés. Presque toutes les parties de la République en éprouvent de semblables. Nous espérons découvrir la cause
générale de ces mouvements et prévenir les résultats que la malveillance en attendait. La Convention nationale compte sur l'activité et
la continuité de votre zèle ; nous applaudissons aux mesures que
vous avez prises. L'arrivée des citoyens Borie et Bordas, commissaires, contribuera à affermir la paix et à hâter le recrutement. Leur

sagesse et la vôtre nous rassurent parfaitement sur l'exécution de la loi et le maintien de la tranquillité[1].

Le jour même de l'arrivée des deux représentants à Limoges, — c'était le 17 mars, — le comité de surveillance et la Société populaire leur dénoncèrent dix-neuf citoyens de la ville, au premier rang desquels figuraient Naurissard et Pétiniaud de Beaupeyrat, comme se livrant à des menées qui compromettaient la sûreté des patriotes. Ils demandaient l'arrestation de ces « individus, » sauf à donner contre eux ultérieurement « des moyens plus puissants et plus développés. »

Borie et Bordas firent sur-le-champ incarcérer tous ceux des citoyens ainsi dénoncés dont on put s'emparer. Quelques-uns d'entre eux furent l'objet de poursuites particulières. Pétiniaud de Beaupeyrat, chez lequel on avait trouvé des lettres écrites par des émigrés, fut traduit devant le jury d'accusation ; celui-ci déclara qu'il n'y avait pas lieu à poursuites, les lettres saisies étant antérieures au décret qui défendait toute correspondance avec les émigrés.

Le rapport adressé à la Convention par Borie et Bordas[2] constate qu'à l'époque où les deux représentants vinrent en Limousin, la plupart des administrations étaient « travaillées par le modérantisme. » Ils signalent notamment celle du Dorat. A Châteauponsac ils cassèrent la municipalité. Ils remplacèrent provisoirement un certain nombre de fonctionnaires : ceux qui furent conservés durent prendre une attitude plus énergique et plus en rapport avec celle de l'Assemblée. La Corrèze avait devancé la Haute-Vienne dans le mouvement révolutionnaire. Les représentants s'efforcèrent d'échauffer les esprits et les cœurs dans ce département paresseux. Sous leur impulsion, le conseil général, uni au district et à la municipalité de Limoges, décida, le 1er avril, la création d'un comité extraordinaire de salut public, chargé des attributions de police les plus étendues, investi du pouvoir de faire arrêter toute personne suspecte ou dénoncée comme telle. Or, dans ce moment terrible, était suspect « tout homme qui n'avait pas acquis déjà la réputation d'un patriote. » Ce sont les termes textuels de l'arrêté.

Les députés en mission font dans leur rapport un curieux

1. Collection Nivet-Fontaubert, à Limoges.
2. Bibliothèque nationale, Lᵉ 39, nᵒ 8.

tableau des sociétés populaires de la Haute-Vienne : elles n'étaient point toutes dans une situation florissante, et malgré les efforts de celle de Limoges, elles n'obéissaient pas encore d'une façon complétement satisfaisante au mot d'ordre des Jacobins. « Les citoyennes » étaient « l'ornement et presque l'espérance de celle de Saint-Yrieix ; » celle de Saint-Léonard se laissait « entièrement influencer par les intérêts particuliers ; » on avait « dissous graduellement » celles de Saint-Junien et du Dorat ; la société d'Eymoûtiers n'avait conservé qu'un petit nombre de patriotes, impuissants à contrebalancer l'influence « des ci-devant chanoines et religieuses, qui avaient fanatisé presque tous les esprits du canton. » Seule, la société de Limoges était « à la hauteur des circonstances, » et sans elle, au dire de Borie et de Bordas, le recrutement eût été compromis.

La guerre civile venait d'éclater en Vendée. La Convention avait adressé au pays un énergique appel ; pour y répondre, la Haute-Vienne fit un grand effort : malgré les résistances, le mauvais vouloir, l'inertie de beaucoup d'autorités locales, le Département parvint à réunir et à diriger sur Niort, en quelques jours, six cents hommes d'infanterie et huit cents de cavalerie. Le 9 mai, l'Assemblée nationale, rendant hommage au dévouement des administrateurs et des populations, décrétait que la Haute-Vienne avait bien mérité de la patrie.

V.

Nous avons dit que les députés élus par la Haute-Vienne appartenaient tous, l'évêque seul excepté, au parti modéré. Les votes de la plupart d'entre eux, dans le procès du roi, furent dictés par le désir d'épargner à la France un crime et une faute politique. Les « *opinions* » qu'ils firent imprimer, à l'exemple d'un grand nombre de leurs collègues, renferment des considérations élevées et qui leur font honneur. — Rivaud, après avoir constaté qu'il s'agit non de juger Louis XVI, à proprement parler, mais de prendre à son égard une mesure de sûreté, se demande si le dernier roi « n'est pas de toute sa race l'homme le moins dangereux ; » — « s'il n'importe pas au salut public de ne pas provoquer, par des rigueurs excessives, les puissances étrangères, neutres jusqu'à ce jour, mais mal disposées ; si l'honneur de la Révolution française et le goût de la liberté en Europe n'ont rien à perdre par un excès de sévérité. » — Il conclut par cette phrase à effet : « Le peuple a su combattre les rois ; il saura faire plus peut-être : il saura leur pardonner [1]. »

Bordas, avec plus de rhétorique, émet le même avis. Il ne voit dans Louis qu'un « ennemi détruit, » un « être nul. » La décision à intervenir est non un jugement, mais « un remède politique. » La mort du roi n'est pas exigée par les circonstances ; toutefois Bordas croit devoir voter contre l'appel au peuple, dans l'intérêt du repos du pays [2].

L'opinion de Soulignac est bien développée et mériterait d'être reproduite tout entière ; bornons-nous à en citer quelques fragments :

Je n'ai jamais su composer avec les principes, ni façonner ma conscience au gré des passions d'autrui... J'ai dit, j'ai prouvé à cette tribune que je ne pouvais être à la fois législateur et juge ; que partout où ces pouvoirs incompatibles étaient cumulés, la liberté était étouffée.

J'ai examiné si la mort de Louis Capet pouvait être utile à la chose publique... Son supplice servirait seulement les tyrans qui nous environnent et nous menacent ; l'effusion de ce sang impur ouvrirait une route plus facile à un nouveau tyran. L'exemple de l'Angleterre est pour nous une grande leçon, et ce n'est pas le seul que fournisse l'histoire. Profitons des malheurs d'autrui pour nous en éviter à nous-mêmes [3].

En résumé, après avoir tous répondu affirmativement sur la question de culpabilité de Louis XVI, les députés de la Haute-Vienne se divisèrent. Soulignac, Faye et Rivaud votèrent pour l'appel au peuple ; Lesterpt, Bordas et Gay-Vernon, contre ; Lacroix refusa de prendre part à ce scrutin. — Soulignac, Faye, Rivaud, Lesterpt et Lacroix admirent le sursis. — Quant à la peine, Bordas opina pour la réclusion perpétuelle ; Lacroix, Rivaud, Faye, Soulignac, pour la détention et le bannissement à la paix ; Gay-Vernon et Lesterpt pour la mort ; mais ce dernier

---

1. *Opinion de François Rivaud, député de la Haute-Vienne*, etc. Bibliothèque nationale, L⁰ 38, n° 104.

2. *Précis des opinions prononcées à la tribune de la Convention par le citoyen Bordas*, etc. Bibliothèque nationale, L⁰ 38, n° 172.

3. *Précis de l'opinion de J.-B. Soulignac*, etc. Bibliothèque nationale, L⁰ 38, n° 153.

subordonnait l'exécution de Louis XVI à certaines éventualités qui devaient sans doute, dans son esprit, assurer le salut du roi :

Le vœu de ma conscience, dit-il, est de concilier la punition d'un grand coupable avec l'affermissement et la tranquillité de la République. En conséquence j'opine à la mort de Louis Capet ; mais à condition que l'exécution sera suspendue jusqu'à l'époque où les ennemis qu'il a suscités contre le peuple français feraient incursion sur son territoire, et en cas de paix, jusqu'à l'époque qui sera fixée par la Convention nationale ou le Corps législatif. *Cette condition est indivisible de mon opinion* [1].

Les administrateurs du département de la Haute-Vienne étaient restés en communauté d'idées avec leurs députés. Ceux-ci leur écrivaient de temps à autre, pour les tenir au courant des affaires et leur communiquer leurs appréciations sur les événements. Gay-Vernon seul, qui appartenait à la faction robespierriste et qui avait plus de crédit auprès des membres de la société populaire de Limoges qu'auprès des autorités, adressait de préférence sa correspondance au club. Le « bulletin du citoyen évêque » y était toujours accueilli avec faveur et écouté avec une déférence particulière.

A ce moment, tous les partis semblaient être d'accord pour demander que les représentants du peuple missent un terme à leurs incessantes querelles, renonçassent à de stériles et irritantes discussions et n'eussent en vue que la défense du pays. Dans une adresse à la Convention qui porte la date du 23 mai, les administrateurs de la Haute-Vienne l'adjuraient, de la façon la plus pressante, de concentrer sur cet unique objet tous ses efforts :

Des lois, une constitution, — c'est-à-dire la fin de l'anarchie, le terme du règne des factieux et des agitateurs : voilà, écrivaient-ils, ce que nous demandons pour prix de notre zèle et de notre dévouement. Anéantissez vos divisions et travaillez constamment pour le peuple [2].

Quelques jours plus tard, les mêmes administrateurs accueillaient un vœu de la société populaire de Limoges tendant à l'envoi, de tous les points de la République, de commissaires chargés d'inviter l'Assemblée à l'union et de presser le vote de

---

1. *Précis de l'opinion de B. Lesterpt-Beauvais*, etc. L* 38, n° 152.
2. Archives de la Haute-Vienne, L 327.

l'acte constitutionnel. Ils écrivaient à cette occasion aux délégués du département auprès du comité défensif central formé à Niort :

Il est temps de dire à la Convention nationale la vérité : ce sont ses funestes divisions, ses passions, qui ont favorisé les mouvements intérieurs et donnent des accroissements monstrueux à l'anarchie et à la rébellion. Les Amis de l'Egalité et de la Liberté séant à Limoges, tous les bons citoyens de cette ville, tous les républicains du département veulent enfin sortir de l'état d'anxiété où les jettent les troubles de la Vendée, des Deux-Sèvres et autres départements insurgés ; ils veulent, à quelque prix que ce soit, sortir de la poignante perplexité où les plonge le cours des événements heureux ou malheureux dans ces départements. Ce n'est point une pusillanime terreur qui nous a fait adopter les vues qui nous ont été présentées et que nous vous transmettons ; elles sont de faire partir du comité central une nombreuse députation qui aille à l'Assemblée réclamer l'ajournement des haines et des querelles particulières, demander à la Convention qu'elle s'occupe uniquement du bonheur et du salut du peuple ; qu'elle prenne des mesures capables d'étouffer la guerre civile et la révolte dans les départements.... Nous vous engageons à accélérer le départ de cette députation, qui ne saurait être trop nombreuse : nous vous autorisons à en faire partie et vous ferons passer des fonds à Paris pour la dépense [1].

A la même époque, la société populaire de Périgueux, plus énergique et plus hardie, sommait la Convention de faire taire ses querelles ou de se dissoudre et de laisser la place à une autre assemblée moins impuissante à remplir les grands devoirs que lui imposaient les dangers de la patrie.

La majorité, à la Convention, appartenait encore aux Girondins ; mais ceux-ci la sentaient leur échapper et déjà bien des présages annonçaient leur défaite. Malgré les efforts des chefs de la droite, l'impunité continuait à couvrir les massacreurs de septembre et les administrateurs de la police, dont les concussions avaient été dix fois dénoncées ; la Commune bravait ouvertement ses ennemis. Marat, que la Gironde avait fait mettre en accusation, était acquitté et rentrait triomphant dans le sein de l'Assemblée. L'*Ami du peuple* se vanta, à la tribune des Jacobins, d'avoir ce jour-là « mis » à ses adversaires « la corde au cou. » Il disait vrai.

1. Archives de la Haute-Vienne, L 327.

Le mécontentement, l'inquiétude augmentaient à Paris et dans les départements. L'insurrection vendéenne gagnait du terrain. Une agitation pleine de périls régnait partout. Il fallait en finir. La Gironde, sans cesse menacée depuis le mois de mars, se résolut à attaquer de front la Commune et les démagogues. Comprenant qu'ils engageaient la lutte suprême et songeant à la possibilité d'une catastrophe, les chefs du parti modéré demandèrent, par l'organe de Guadet, la convocation, à Bourges, des suppléants désignés par les assemblées électorales. Ils ne réussirent pas à enlever ce vote, qui cependant aurait dû précéder tout autre décret, et n'osèrent pas insister pour l'obtenir. Imprudence ou faiblesse, la motion fut abandonnée : par là tout était remis au hasard. — La commission dite *des Douze*, chargée de pourvoir aux nécessités les plus urgentes du moment, n'en commença pas moins son œuvre, comme si elle avait eu, avec le droit, la force à sa disposition. Composée d'hommes dévoués à la Gironde, elle fit arrêter, le 24 mai, Hébert et Varlet, puis Dobpsent. Ce jour-là même, au milieu de l'effervescence qui régnait dans Paris, six des députés de la Haute-Vienne, réunis chez Soulignac, adressaient la lettre suivante à leurs commettants :

Les représentants du peuple à la Convention nationale élus par le département de la Haute-Vienne au conseil général du même département et à leurs commettants directs :

Citoyens,

Avant la réunion de la Convention nationale, on méditait contre elle ; depuis qu'elle est assemblée, on n'a cessé d'entraver ses opérations, de chercher à l'avilir et à la diviser. Le monstre de l'anarchie l'a toujours entourée pour la dévorer. Une poignée de brigands osait tout par la terreur que les scènes affreuses du mois de septembre avaient jetée dans les esprits. Enfin, le 10 mars, les agents infâmes de Pitt et de Cobourg crurent qu'il était temps de consommer leurs horribles complots.

Ce n'était pas assez pour eux des libelles, des huées, des vociférations, des pillages ; il leur fallait du sang : les monstres allaient en répandre. Leurs affreux projets avortèrent.

On décrète en vain qu'ils seront poursuivis par la loi ; l'impunité accroît leur audace, et leurs méditations liberticides n'en deviennent que plus atroces. Ils s'agitent de toutes les manières ; ils créent des comités sous mille formes et sous mille dénominations différentes. La loi est là : elle est muette pour eux, et c'est à la face même des législateurs qu'ils osent la braver pour consommer leurs crimes.

Des femmes égarées ou féroces sont enrégimentées pour ouvrir la marche aux assassins de la patrie. Le 24 de ce mois était marqué pour frapper. — Ecoutez, citoyens, et frémissez :

Déjà une autorité, subordonnée par l'effet nécessaire de la loi, s'élevait au-dessus de la loi même. Une commission extraordinaire est nommée pour examiner sa conduite. Paris, relevé de la stupeur où l'avaient plongé quelques scélérats, se montre digne de ce qu'il a fait pour la liberté. Malgré les dangers, les sections se prononcent contre l'anarchie et les désorganisateurs. Celle des Champs-Elysées demande avec les autres une constitution. — « Méprisez, dit-elle, les calomnies, les menaces ; le peuple est votre égide, et le peuple veut que la représentation nationale reste entière. Il veut que la sûreté des personnes ne soit plus arbitrairement violée, que les propriétés soient respectées. — *Faites*, disait-elle encore, *que la municipalité définitive de Paris soit enfin organisée ; car à peine pouvons-nous reconnaître nos magistrats, nos vrais mandataires dans la foule des municipaux qui se sont perpétués illicitement dans la Commune, composée actuellement de quatre municipalités successives* [1]. »

C'est ici, citoyens, que votre attention doit se fixer, et l'indignation se porter. La section des Tuileries et celle de la Fraternité paraissent hier à la barre. Elles déclarent que, dans les assemblées tenues dimanche et lundi derniers à la mairie, composées des membres des comités révolutionnaires (la loi ne les a pas institués), et présidées, la première par un administrateur de la police, et la seconde par le maire, il a été agité en outre d'arrêter à un jour et une heure convenus vingt-deux membres de la Convention, de les égorger et de publier qu'ils avaient émigré.

On ajoute que le maire de Paris menaça de rompre l'assemblée si on continuait une semblable délibération.

La commission des Douze recevait en même temps des déclarations sur ces complots. Elles en indiquent de plus affreux encore : dix députés étaient ajoutés à la liste des proscriptions, qui renfermait aussi environ huit mille autres citoyens [2]. Mais ce que l'histoire aura peine à tracer, c'est que déjà les conspirateurs imprimaient des correspondances supposées entre Pitt, Cobourg et les députés proscrits, pour les répandre dans les départements après l'exécution du plan.

1. Ce passage est souligné à l'original.
2. On avait procédé, dans les sections, au dépouillement des signatures qui avaient été apposées au bas des pétitions dites des *huit-mille* et des *vingt-mille*. Le seul fait d'avoir pris part à ces manifestations constitua plus tard un chef d'accusation souvent relevé par l'accusateur public au tribunal révolutionnaire. (Mortimer-Ternaux, *Histoire de la Terreur*, passim.)

Citoyens ! Paris est outragé par des conspirateurs ; il va venger sa gloire. Respectueux envers la représentation nationale, centre unique de ralliement des Français amis des lois, il veut une constitution, le maintien des propriétés et la sûreté des personnes, l'ordre, la paix, l'unité, la mort de l'anarchie et de tout despotisme, sous quelque forme qu'il paraisse. Ce cri de tous les bons Français l'a frappé. Marseille, Bordeaux, le Calvados et l'Orne l'ont fait retentir. Il part de tous les points de la République. Qu'il se fasse entendre de notre département. Il a bien mérité de la patrie, et ce qui est dans le cœur de ceux qui l'habitent est prêt d'être prononcé. — La patrie ne peut trouver de secours que hors du gouffre où on voudrait la précipiter.

B. Lesterpt. — Rivaud. — Soulignac. — Faye. — Lacroix. — Bordas, « tranquille au milieu des menaces »[1].

On pourrait être étonné de lire au bas de ce document, d'une inspiration toute girondine, la signature de Bordas, que sa conduite au cours de la mission remplie par lui et Borie dans les départements du centre rattachait plutôt à la gauche qu'à la droite de l'Assemblée. Mais le sentiment patriotique du danger que faisaient courir à la France les menées de la Commune l'avait emporté pour un instant sur le mot d'ordre jacobin. Bordas appartenait du reste à la Plaine et son attitude ne s'accentua qu'au cours des événements qui renversèrent le parti modéré.

« Hommes de la Gironde, levez-vous ! » avait déjà crié la grande voix de Vergniaud. « La Convention n'a été faible que parce qu'elle était abandonnée, soutenez-la contre les furieux qui la menacent. » Et d'imposantes manifestations avaient répondu à son appel. Les sections de Bordeaux avaient signé une courageuse adresse où elles rappelaient la Commune de Paris et la Convention elle-même au respect de la représentation nationale. A Marseille, à Lyon, dans plusieurs villes du midi et de l'ouest, on se prononçait énergiquement contre l'alliance de la Montagne avec les comités insurrectionnels.

L'évêque Gay-Vernon avait été convoqué à la réunion tenue chez Soulignac ; mais il avait refusé de s'associer à la démarche de ses collègues et, pour en atténuer l'effet et en prévenir les conséquences, il s'était empressé d'adresser aux administrateurs de la Haute-Vienne une lettre particulière. Celle-ci était ainsi conçue :

____
1. Archives de la Haute-Vienne, L 128.

Je n'ai qu'une minute pour vous écrire. La députation a été convoquée par le citoyen Soulignac à midi trois quarts pour signer une adresse qui vous est envoyée. J'en ai fait la lecture. J'ai demandé à la députation d'y ajouter une apostille modificative : elle n'a pas jugé à propos de me le permettre. Je me suis mis tout de suite à vous écrire une ou deux réflexions. — La députation a les meilleures intentions ; mais, dans cette occasion, je ne vois pas les choses et n'en juge pas comme elle. Je pense que quelques anarchistes et quelques intrigants nous agitent en tous sens. Les plus adroits sont ceux qui peuvent parvenir à avoir raison. — Nous sommes ici en sûreté. La masse du peuple de Paris est excellente, et les intrigants et les factieux se perdent dans la foule. Nous sommes gardés aujourd'hui par trente enfants de douze ans, et personne n'a la moindre alarme. Ce système de terreur est imaginé peut-être pour nous leurrer. Tout ce que la députation avance n'est rien moins que prouvé. Je vois des dénonciations vagues, fondées la plupart sur des motions de têtes exaltées. Je crois à la réalité de quelque conspiration ; mais les bons citoyens veillent. Tournons nos regards sur la malveillance, sur les ennemis de la Vendée, sur les tyrans ; et pressez la Convention de faire la constitution ; mais ne jetons pas des alarmes propres à désespérer le peuple et à le décourager. J'applaudis au zèle de la députation ; mais je ne partage pas son opinion sur les circonstances actuelles. La diversité de sentiment prouve qu'avec les mêmes désirs on peut ne pas employer les mêmes moyens pour parvenir au même but. Ma patrie me tient trop au cœur pour ne pas vous parler d'après le sentiment de la persuasion la plus intime. Agréez l'assurance de mon affection civique pour vous. Je suis avec fraternité

    Votre concitoyen,

                Gay Vernon, député[1].

Singulière lettre, où un acte d'accusation formel contre la Gironde se lit entre les lignes, et qui affecte un calme bien éloigné en ce moment de tous les esprits.

Malgré les conseils de Gay-Vernon, les administrateurs de la Haute-Vienne se seraient sur-le-champ associés au mouvement qui entraînait alors une partie de la France ; mais la Société des Amis de la République veillait. Prévenue par l'évêque, elle organisa, dès le 26, une manifestation destinée à intimider les autorités. A l'unanimité, elle arrêta que la lettre des six députés serait dénoncée au comité de salut public de la Convention, et notifia

1. Archives de la Haute-Vienne, L 128.

sur-le-champ son vote au Département. Ce dernier, en présence de cette attitude déterminée, hésita à s'engager dans la voie que lui traçaient Soulignac et ses amis. Plusieurs des administrateurs du reste penchaient vers les Jacobins, dont ils prévoyaient la victoire. Néanmoins la majorité, pensant que les autorités ne pouvaient, sans trahir leur devoir, abandonner les représentants, finit par l'emporter. Le Département répondit, le 30, par la lettre qu'on va lire, à l'adresse du 24. Le ton de cette pièce, que la rhétorique du temps dépare un peu, est net et ferme. Les hommes qui l'écrivirent auraient pu, s'ils avaient été soutenus, tenir une conduite autrement énergique et tenter, en faveur de la loi et de la liberté violées, des efforts autrement puissants que ceux dont ils vont nous donner le spectacle :

Citoyens représentants,

Nous avons longtemps gémi en silence sur les funestes divisions de nos représentants ; nous avons longtemps espéré que les haines et les passions auraient un terme, que la Convention prendrait le ton imposant qui lui convient, qu'enfin elle terrasserait les monstres de la désorganisation, de l'anarchie et de la guerre civile. Il est temps sans doute de faire connaître notre douleur et nos alarmes, lorsque nos espérances sont déçues, lorsque nous voyons tous les jours l'hydre des factions lever de nouvelles têtes ; lorsque des scélérats provoquent, menacent, proscrivent des députés, lorsque des autorités rivalisent avec nos délégués chargés de pleins pouvoirs. Nos réflexions, trop longtemps contenues, parviendront à la Convention ; nous ne lui porterons pas des opinions individuelles, et si nos représentants l'exigent, nos demandes seront revêtues de cinquante mille signatures.

Que l'on ne dise pas que les administrations de la Haute-Vienne sont égarées ; que l'on ne dise pas que ces administrations ont ensuite influencé les habitants de ce département. Nos opinions ne sont assujéties à aucun parti, à aucune faction. Nous voulons des lois, une constitution, la sûreté des personnes et des propriétés ; nous voulons que la Convention s'occupe des grands intérêts du peuple, qui ne respire que pour le calme, la tranquillité et la paix. Nous voulons qu'elle prenne des mesures pour éteindre les torches de la révolte et de la guerre civile dans l'intérieur, sans négliger celles qui sont indispensables pour repousser les despotes et leurs satellites. Nous voulons que nos représentants soient libres et en sûreté, qu'ils travaillent constamment à la constitution ; que d'insolents pétitionnaires, des tribunes tumultueuses, que tous les brigands soudoyés pour dissoudre la Convention ou arrêter sa marche soient livrés aux tribunaux ; que l'on fasse courber la tête altière des administrations qui voudraient élever un pouvoir à côté du souverain que vous représentez et qui vous a investis de sa toute puissance.

Voilà, nous osons le dire, le vœu des amis de l'égalité et de la liberté, le vœu de tous les bons citoyens, le vœu de tous les républicains de la Haute-Vienne. Citoyens représentants, ils vous offrent d'un côté leur amour, leur respect et leur reconnaissance ; de l'autre vous ne trouverez que leur indignation et leur mépris. Vous êtes Français : votre choix n'est pas douteux et le salut de la République est assuré.

Nous joignons ici copie d'une adresse à la Convention et d'une lettre à nos commissaires de la Vendée[1]. Vous y verrez la confirmation de ce que nous vous écrivons. Nous avons déjà, dans les départements insurgés, six ou sept cents hommes d'infanterie et environ huit cents de cavalerie. Nous nous occupons de l'organisation et du départ de tous les jeunes gens, veufs sans enfants et célibataires, non laboureurs, depuis l'âge de seize ans jusques à quarante ans. Si les dangers de la patrie augmentent, nous partirons tous. Citoyens, notre zèle et notre dévouement seront bien récompensés si vous vous occupez constamment du bonheur de nos femmes et de nos enfants.

Agréez les assurances de la plus cordiale et de la plus sincère fraternité.

DURAND, président[2].

L'évêque, de son côté, recevait cette réponse, froide et évasive, à sa lettre du 24 :

Nous avons reçu la lettre que vous nous avez adressée pour motiver votre refus de signer celle qui nous a été écrite par les six autres députés de la Haute-Vienne. Citoyen, vous êtes député de la nation : votre opinion doit être parfaitement libre. Nul Français n'a le droit de vous en demander compte, et vous n'en devez à qui que ce soit. Ce sera la postérité qui jugera et consacrera la mémoire de ceux qui ont bien servi la patrie en remplissant les différentes missions qui leur ont été confiées depuis la Révolution. Pour nous, nous gémis-

---

1. Les administrateurs, on le voit, ne tenaient pas compte de la divergence d'opinions qui s'était manifestée entre eux et la société populaire : ils représentaient celle-ci comme s'associant d'une façon complète à leurs sentiments, à l'instant même où ils étaient vivement attaqués à la tribune du club.

2. Archives de la Haute-Vienne, L 314.

sons des haines et des divisions de nos représentants; nous formons des vœux pour qu'une prompte réunion sauve la patrie. Nous voyons dans la Convention le point de ralliement de tous les bons citoyens, de tous les vrais républicains ; nous lui jurons soumission, obéissance, dévouement et respect. A vous, citoyen, nous vous offrons cordialité et fraternité [1].

Le jour même où lui et ses amis étaient dénoncés au club de Limoges, Soulignac informait le Directoire du département des succès de la Gironde :

L'anarchie, écrivait-il, est sur le point d'être terrassée. Les sections de Paris, celles de Marseille, se prononcent contre cet ennemi de tout ordre social. Les députés de Marseille furent entendus hier ; leur pétition, énergique comme eux, fut déposée sur le bureau, revêtue de 25,000 signatures. On suit les complots du 21. Leurs auteurs n'échapperont pas au glaive de la loi [2].

A mesure que la dernière crise approchait, la divergence d'opinions s'accentuait entre Gay-Vernon et ses collègues. Le petit groupe *girondiste* de la Haute-Vienne comptait déjà un transfuge : Bordas, effrayé d'avoir encouru la colère des Jacobins en s'associant à la démarche du 24, se rapprochait de la Montagne et travaillait à rentrer en grâce auprès de la société de Limoges. Les cinq députés restés fidèles au parti de la droite étaient loin d'avoir tous la même valeur et la même énergie. Néanmoins leur attitude ne témoignait aucune faiblesse et leur résolution ne se démentait pas.

L'évêque écrit le 31 mai aux administrateurs du département. Une semaine seulement sépare cette lettre de celle du 24 ; mais combien elle est plus précise, plus claire ! Ce ne sont plus des phrases vagues, des mots à double entente, des accusations détournées. Gay-Vernon explique ce qu'il entend par la conspiration dont il parlait dans sa lettre précédente : les intrigants et les traîtres, ce sont les Girondins. Ils veulent fédéraliser le pays, et c'est la commission des Douze elle-même qui a inventé les complots qu'elle poursuit :

Citoyens administrateurs,

Je vous écrivis à la hâte sur la lettre que vous adressa la députa-

1. Archives de la Haute-Vienne, L 327.
2. Ibid., L 128.

tion. Je ne vous y marquai pas tous mes sentiments sur ce qui se passait. Le système des frayeurs, des calomnies, de l'imposture est celui que depuis longtemps on suit avec constance et sans dévier. On sait parfaitement que ce n'est que par de tels moyens qu'on peut parvenir à faire renoncer aux Français d'être sous un gouvernement fraternel et populaire. Beaucoup d'honnêtes gens dont le cœur est prévenu et confiant se laissent séduire par des apparences trompeuses. Les hommes qui ne s'en rapportent qu'à eux-mêmes, qu'aucun motif étranger à la chose publique ne guide, qui ne se laissent dominer que par la seule raison et l'intérêt de tous, sont toujours en garde et ne donnent pas dans les piéges qu'on leur tend sans cesse. Dire qu'il n'y a pas d'aristocratie, de conspiration, de licence à Paris, ce serait une folie, puisque Paris est le lieu où se retire tout ce qu'il y a de plus impur dans la République ; mais attribuer à Paris le dessein de dominer, de devenir une seconde Rome, lui prêter des vues homicides contre les membres de la Convention, c'est être injuste. Soyez assurés que la première autorité constituée ne sera pas entamée. Si elle a des orages à essuyer, c'est qu'elle ne sait pas les conjurer. Si des intrigants n'y avaient pas jeté la discorde, s'ils n'avaient pas résolu de sauver le tyran ou de fédéraliser la France, si nous nous étions occupés à faire punir tous les traîtres, à faire de bonnes lois, à fonder un gouvernement sur l'égalité, nous serions ici adorés ; mais beaucoup de gens ont le ton, l'arrogance de l'ancien régime : au lieu de voir dans le peuple des frères, on n'y voit que des êtres qu'il faut asservir. Tout cela finira. L'expérience prouvera que l'éternelle raison peut seule lier et en imposer aux hommes. — Une commission dictatoriale et vexatoire, composée d'hommes à parti, et nommée par les membres de la Convention qui ne voient que poignards et dont l'imagination est aussi sombre que le tableau de Pelletier exposé dans notre salle, a mis la fermentation dans Paris et y a jeté l'alarme par l'incarcération de magistrats purs et de patriotes inflexibles. Tout ce mouvement se terminera à rendre justice à Paris auprès des départements, à réparer tous les torts qu'on a avec lui et à cimenter l'unité républicaine. Je n'entre pas dans tout le développement nécessaire pour démontrer ce que j'avance. Je sens ce que je dis ; les preuves sont notoires et le rapprochement des faits suffît pour les hommes qui, comme vous, combinent et pensent. L'expérience vous prouvera que j'avais bien vu et que tout ce jeu n'était que le jeu de l'intrigue [1].

____

1. Archives de la Haute-Vienne, L 128.

A la date où il adressait au Département cette lettre rassurante, Gay-Vernon pouvait-il se faire illusion sur l'état des esprits à Paris et sur les dangers qui menaçaient la représentation nationale ? A quelque heure de la journée qu'elle ait été écrite, la grande ville avait commencé à s'agiter, les sections armées à se réunir et l'orage à gronder sur la Gironde. Le 27, l'Assemblée avait été envahie : Hébert, « le magistrat pur, » Varlet et Dobpsent, les « patriotes inflexibles, » avaient été remis en liberté. La fermentation était à son comble et une partie de la Montagne elle-même se montrait effrayée des allures des agitateurs auxquels obéissait la Commune de Paris et des conséquences que pourrait avoir le déchaînement du peuple exaspéré par les plus impudentes calomnies.

Le 2 juin voit la défaite du parti modéré et la mutilation de la représentation nationale. Gay-Vernon envoie à la Société populaire de Limoges le récit des événements qui viennent de s'accomplir. De son côté, Bordas écrit à ses commettants cette lettre, qui permettra de mesurer l'étendue de la conversion que huit jours ont suffi à opérer en lui :

Citoyens,

Toujours je vous dirai mon opinion. Si mon jugement est faux, du moins n'aura-t-il rien de criminel.

A mon retour, je n'ai plus connu la Convention. Transporté dans un nouveau local, je me suis trouvé au milieu de nouveaux hommes. J'ai étudié pendant deux jours ces caractères, qui me paraissaient inconnus.

J'ai retrouvé dans la faible Montagne le même désir de sauver la chose publique. Ses forces se sont accrues depuis, et cependant encore elle ne peut lutter que par son énergie.

Je n'ai vu dans le côté droit qu'une même volonté, un même désir, celui de tout désorganiser, comme Guadet l'a proposé, celui de ravir la confiance due aux zélés défenseurs de la liberté, d'armer Paris contre Paris, de soulever les Parisiens contre la Convention, d'éloigner la Convention de Paris, de calomnier sans cesse Paris, de tromper les départements, de les armer contre la capitale, et d'allumer ainsi la guerre civile dans toute la République.

Les Parisiens ont été indignés, et se voyant ainsi journellement provoqués, les menaces ont éclaté ; mais, au milieu de ces menaces, les vrais amis du peuple ont, comme moi, été tranquilles et ne les ont pas redoutées.

Dans la nuit du vendredi, la générale battit. A six heures, je fus à mon poste. Le tocsin fut général, et le canon d'alarme se fit entendre. Cent mille hommes furent sous les armes. Les aristocrates travaillaient le peuple; le côté droit le provoquait encore. Tout le monde s'attendait à une secousse violente... Le peuple parisien résista à toutes les insinuations, à toutes les provocations; par sa sagesse, il prouva à l'entière République qu'il savait, même en insurrection, respecter les personnes et les propriétés, mépriser les calomniateurs et conserver le dépôt qui lui est confié. Cette insurrection morale se termina par un décret qui déclara que, dans cette journée, les Parisiens avaient bien mérité de la patrie.

La journée d'hier fut tranquille ; mais à sept heures du soir, la générale et le tocsin recommencèrent; je volai à mon poste. Chacun se demandait ce qu'il y avait de nouveau. La sainte Montagne se vit bientôt garnie ; on se foulait aux tribunes. Le seul côté droit était vide : soixante membres au plus se trouvèrent en séance. On annonça que les meneurs de ce côté étaient à délibérer dans les Champs Elysées.

Des députations se présentèrent à la barre, pour demander le décret d'accusation contre tous les conspirateurs que renferme la Convention; on demanda le même décret contre la commission des Douze.

Longs débats. Enfin décret qui ordonne que, dans trois jours, le comité de salut public fera son rapport sur les inculpations faites à nos collègues, et que jusque là les citoyens se tiendront debout.

On dit que Brissot, Clavière et leurs familles ont fui. On dit Condé au pouvoir de l'ennemi. Citoyens, armez-vous ; soyez debout! vous aussi, surveillez les conspirateurs ; concourez à sauver la chose publique. Les moments sont difficiles. Que votre amour de la liberté n'en soit que plus énergique. Il faut qu'elle triomphe, ou il faut périr avec elle !

BORDAS[1].

Pourquoi Bordas ne disait-il à ses commettants qu'une partie de la vérité ? Pourquoi se taisait-il sur le décret d'arrestation rendu

---

1. Archives de la Haute-Vienne, L 128. La copie seule de cette lettre est conservée. Elle porte la date du 2 juin même et avait été précédée d'une autre du 26 mai, dont l'original existe aux Archives, et où Bordas, effrayé peut-être de sa participation à l'adresse collective du 24, cherchait à effacer l'effet de cette dernière et, changeant complétement de front, se ralliait à la Montagne. La conversion du député de Saint-Yrieix n'avait pas demandé huit jours : quarante-huit heures avaient suffi.

contre les proscrits et qui cependant avait été voté en même temps que le renvoi de l'affaire au Comité de salut public ? Craignait-il que la nouvelle de l'atteinte portée à l'inviolabilité et à l'intégrité de la représentation nationale ne produisît dans la Haute-Vienne une trop grande émotion ? Voulait-il, par un sentiment de pudeur presque inconsciente, cacher à ses compatriotes la grandeur de l'outrage fait à la Convention par les factieux et l'étendue du triomphe de ces conspirateurs dont il dénonçait une semaine auparavant les audacieuses menées ?

Le 4 juin seulement, Lesterpt-Beauvais, Rivaud, Faye, Soulignac et Lacroix purent envoyer aux administrateurs et aux populations de la Haute-Vienne le compte-rendu des événements qui venaient de se passer. Ils le firent par cette adresse collective, dont il serait difficile de nommer le rédacteur :

Aux citoyens administrateurs du département de la Haute-Vienne et à nos concitoyens du département.

Citoyens,

La France peut encore être libre ; mais vos représentants ne le sont plus. Un petit nombre de factieux, déjà maîtres dans Paris, avaient formé le projet de mettre la Convention nationale dans sa dépendance. On a consommé par la violence le crime qui n'avait pu s'opérer par la séduction, et le peuple de Paris, subjugué par la terreur des proscriptions, n'a pas empêché cet attentat.

Nous vous avons dit les projets conçus pour la destruction d'un grand nombre de membres de la Convention. Ce qu'il importe aujourd'hui de vous faire connaître, c'est la résistance qu'elle a éprouvée dans la recherche des artisans de la conspiration, l'audace avec laquelle ils se sont hâtés de conduire à leur but leurs criminelles machinations.

Il leur était utile d'inculper, de dissoudre la commission extraordinaire des Douze avant l'instant où elle eût pu mettre au jour la trame ourdie contre la représentation nationale ; mais le décret qui la supprimait, arraché le 27 du mois dernier dans le tumulte, au milieu d'une multitude qu'on égare et qui ferme toutes les issues de la salle, rapporté le lendemain, n'avait pas rempli leurs perfides intentions.

Le 28, se forme à l'Evêché une assemblée d'hommes la plupart sans mission. On y propose encore l'arrestation d'un grand nombre des membres de la Convention, et l'on ne doute pas que les départements, trompés sur le motif de cette proscription, ne se soumettent à la honte des violences exercées en leur nom sur leurs représentants. La direction de l'entreprise au reste est remise à un comité secret, inconnu, hors à ceux qui sont initiés dans le mystère de cette noire machination. C'est la partie ostensible de ce comité révolutionnaire que nous verrons s'unir au conseil de la Commune, dont il recevra les moyens d'exécution.

La nuit du 30 au 31, le tocsin sonne ; on bat la générale au même instant dans tous les quartiers de Paris ; les barrières sont fermées ; l'ordre est donné de tirer le canon d'alarme à minuit ; un vice de forme en retarde seul l'exécution jusqu'à dix heures de la matinée et peut-être épargne bien des crimes que l'ombre et le désordre de la nuit eussent favorisés. Quoi qu'il en soit, les citoyens s'assemblent, se rallient sous leurs drapeaux, se demandent la cause du grand mouvement qu'on donne à la ville de Paris ; et l'observateur demeure convaincu que c'est moins le résultat d'un mécontentement populaire que des menées ténébreuses de quelques factieux.

Mais le comité révolutionnaire uni à la Commune nous en dévoile lui-même l'objet : la cassation de la commission, l'arrestation de trente-trois de nos collègues, voilà le motif du mouvement qu'on s'efforce d'imprimer au peuple de Paris. A défaut d'autre crime, nos collègues sont accusés d'avoir calomnié cette grande et dangereuse cité. Ainsi, ceux qui ont eu le courage de s'élever contre le brigandage qu'exercent dans Paris un petit nombre d'hommes avides de sang et de richesses, accourus de tous les points de l'Europe[1] au bruit des désordres inséparables de l'état de révolution, — ceux qui ont osé poursuivre les sanguinaires auteurs du massacre du 2 septembre, quand ceux-ci en imprimaient la honte aux citoyens de Paris, — ceux qui ont osé se raidir contre la secte turbulente et anarchique qui tient sous un joug de fer une immense cité, — ceux qui ont lutté avec l'intrépidité de l'homme juste, ami de son pays, contre les ambitieux qui établissent par la terreur des proscriptions et des pillages un système tout nouveau de domination, et, tout en parlant sans cesse de patriotisme, nous mènent à la guerre civile ou à la contre-révolution : voilà les hommes qu'on accuse de calomnier Paris, de mal servir la Liberté et la Révolution. Ah ! citoyens, si l'on eût pu soumettre leur raison, effacer leur vertu et leurs talents ; si leur destruction peut-être ne présentait une facilité de plus d'influencer l'assemblée de vos représentants, sans accusateurs comme sans reproches, ils feraient encore l'honneur de la Convention : ce qui explique peut-être la véritable cause de leur proscription, c'est l'achar-

---

1. Ici plusieurs mots biffés, complétement illisibles.

nement de plusieurs membres, c'est de voir ceux-ci signaler à l'envi leurs collègues et solliciter leur place (*sic*) sur les tables de proscription.

Cependant, ceux qui ont tant calomnié l'idée d'appeler dans Paris une garde départementale, ont levé en un jour une armée de leurs satellites, s'entourent de bataillons qu'ils ont arrêtés sur le chemin de la Vendée et en imposent à tout ce qu'il y a dans Paris de bons citoyens qui connaissent et condamnent leurs attentats. La Convention nationale elle-même est investie d'hommes armés qui ferment toutes les issues, au moment même où elle décrète que les sections de Paris ont bien mérité pour l'ordre qu'elles ont maintenu.

Citoyens, la Convention nationale, toujours portée malgré elle au-delà des mesures qu'elle s'est proposées, vous a, deux fois en deux jours, induits en erreur sur sa véritable position. Vous êtes trompés par les relations perfides et mensongères qui sont répandues avec profusion dans les départements ; vous êtes trompés par l'infidélité des journaux vendus et par le silence même de ceux qui ne le sont point, mais qu'on intercepterait s'ils avaient le courage de rendre les faits dans toute leur intégrité ; vous êtes trompés encore par la proclamation même qui a été arrachée à la Convention nationale à l'instant où elle allait être entourée de cinquante pièces de canon et de plus de douze mille hommes armés.

Telle avait été sa véritable position à dater du 31 mai. Elle prit un caractère plus effrayant le 2 juin, et à l'instant où le comité révolutionnaire intime aux représentants du peuple français le dernier ordre de mettre en état d'accusation les vingt-deux proscrits et les douze membres de la commission qui a causé tant d'effroi aux conspirateurs : « Vous n'avez qu'un instant », nous disent les envoyés ; et leur retraite, qui suit la première expression de résistance, la désertion subite des tribunes semblent sonner l'heure du danger. Et en effet, l'obsession des hommes armés est telle qu'on ne peut outrepasser la porte de la salle où siége l'Assemblée. On a menacé de faire feu sur des députés qui observent les dispositions du dehors par une croisée. Des hommes jusque-là indifférents sur l'oppression qu'on exerce sur la représentation nationale, en sont indignés et révoltés. L'Assemblée en corps ose encore compter sur l'impression que la représentation d'un grand peuple imprime au cœur de l'homme qui a senti[1] toute sa dignité. Mais elle se présente en vain à tous les postes qui ont la garde de ses avenues. Elle trouve dans la majorité des citoyens armés des sections le sentiment du respect qui lui est

---

1. Mots effacés : *le prix de.*

dû ; mais à l'impression que fait sur le plus grand nombre le caractère des représentants de la nation, se joint malheureusement celle de la contrainte où ils se trouvent devant les satellites stipendiés du comité révolutionnaire. Partout, de la part de ceux-ci, une résistance farouche s'oppose à ce que la Convention nationale outrepasse les limites du palais national des Tuileries. Le président, qui intime à leur chef l'ordre de rendre à la Convention toute sa liberté, n'en reçoit qu'une réponse menaçante. Ainsi les députés de la nation reportent dans le lieu de leurs séances leur honte, la certitude que ce jour peut être un jour de deuil pour tout le peuple français, et la crainte qu'il ne produise un grand massacre dans la ville de Paris. Cependant, une partie de l'Assemblée brave constamment et comme à l'envi les coups des assassins, proteste contre toute délibération à prendre ou refuse de délibérer. Alors, les moins emportés de ceux qui ont sollicité le fatal décret éprouvent la nécessité de prévenir le dernier de tous les crimes, amendent la proposition absurde, atroce, de mettre en accusation des députés du peuple, estimés de leurs collègues, chers à leurs départements, et contre lesquels il n'a pas été articulé un seul chef d'accusation. Ils pensent alors que l'idée [1] de les mettre en état [2] d'arrestation chez eux pourra satisfaire les conjurés et n'être pas aussi généralement repoussée dans la majorité de l'Assemblée [3]. On s'irrite des vains ménagements par lesquels ceux-ci veulent [4] pallier une injustice ; on s'agite, on se serre autour de nos infortunés collègues ; on envie leur gloire ; on veut mourir avec eux, et on repousse avec horreur l'idée de délibérer sur leur arrestation sans aucun indice d'un délit constant. Et cependant le fatal décret, prononcé dans la plus vive agitation, comme tous ceux qui ont été arrachés au milieu des canons et des baïonnettes depuis le 31 mai, porté par une seule partie de l'Assemblée, n'en met pas moins le comble à la honte de cette fatale journée.

O nos concitoyens ! il est douteux si le 2 juin est le terme des violences à exercer sur vos représentants ; mais c'est celui sans doute où les décrets de la Convention nationale peuvent être avoués par le peuple français. Il ne nous appartient pas de vous indiquer les mesures que vous devez prendre pour rendre à vos députés toute leur liberté. Votre sagesse et le sentiment de la dignité d'un peuple libre et républicain vous les auront inspirées. Quant à nous, qui ne connaissons de lois que celles qui émanent de la volonté du peuple fran-

1. Il y avait d'abord : *cette idée.*
2. *Provisoire*, biffé.
3. *Vains ménagements*, biffés.
4. On avait écrit en premier lieu : *on veut.*

çais, un et indivisible comme son territoire, ou du vœu librement émis par ses représentants, nous attendons à notre poste les instructions que vous jugerez utile de nous transmettre, prêts d'y mourir, si notre mort peut être utile à notre pays.

Les députés du département de la Haute-Vienne à la Convention nationale de France, soussignés.

RIVAUD. — SOULIGNAC. — FAYE. — B. LESTERPT. — LACROIX.

Nous usons d'une voie extraordinaire pour vous faire passer cette lettre. Nous avons la certitude qu'elle serait interceptée si elle était remise au bureau de la poste à Paris. Toutes celles qui viennent des départements sont ouvertes impudemment. Usez d'une voie plus sûre pour nous faire passer vos instructions [1].

Cette lettre offre, sur des événements mémorables, certains détails caractéristiques donnés par un petit nombre de contemporains. Mais là n'est pas, pour nous, son grand intérêt et sa principale valeur : nous admirons non-seulement la courageuse inspiration, le ton digne et ferme de cette protestation, mais sa forme même, en faisant la part de la phraséologie de l'époque, de la vive et poignante émotion sous laquelle elle fut écrite, des angoisses patriotiques et des inquiétudes de tout genre qui devaient assaillir en un tel moment le cœur de ces cinq hommes, faits pour une existence bourgeoise et jetés au milieu des plus terribles événements.

Le jour même où l'adresse des députés était écrite, la Société populaire de Limoges apprenait le résultat des journées des 31 mai et 1er juin, que lui avait fait prévoir une lettre du gendre de Pache, Xavier Audoin, reçue la veille et annonçant les projets du peuple de Paris. Le club limousin témoigna une grande joie à la nouvelle des décrets arrachés à la Convention et vota, en même temps que des félicitations à la Commune de Paris, une adresse élogieuse à Hébert. Les premières lignes du procès-verbal de la séance méritent d'être reproduites :

Lecture du bulletin du citoyen évêque arrivé par le dernier courrier. On a applaudi aux détails satisfaisants qu'il renferme sur l'état

---

1. Archives de la Haute-Vienne, L 128. Nous avons été assez heureux pour retrouver dans le dépôt départemental de Limoges cette adresse que signale, dans sa belle *Histoire de la Terreur*, t. VII, p. 583, M. Mortimer-Ternaux, en manifestant le regret de n'avoir pu en découvrir le texte. La pièce est de l'écriture de Rivaud ; peut-être en est-il l'auteur.

actuel de Paris. Le président a demandé si on instruirait l'évêque des dispositions de la Société sur ce qui se passe à Paris : il a été arrêté unanimement que la Société adoptait toutes les mesures prises par la Montagne ; qu'elle déclarait ses sentiments unis aux siens, puisqu'ils n'ont pour but que le salut et la prospérité publique ; que, de plus, le président en instruirait l'évêque et lui déclarerait, avec une franchise républicaine, que la Société le félicite des différents renseignements qu'il n'a cessé de lui donner, parce que, sans ces éclaircissements, elle aurait pu être égarée par les fausses nouvelles que les malveillants ne cessent de répandre, et qu'elle le prie de continuer à nous dire ⁻⁻ ⁻érité [1].

VI.

Le 5 juin, avant que la protestation des cinq députés fût parvenue aux administrateurs de la Haute-Vienne, et alors qu'il pouvait subsister encore quelque incertitude sur la portée exacte et sur l'issue définitive des derniers événements, deux envoyés du Département de la Côte-d'Or se présentèrent à la séance du conseil général. Ils déclinèrent leurs noms : Buvée et Rouhier, exhibèrent leurs pouvoirs et firent part aux membres de ce corps d'un arrêté pris à la date du 30 mai par le conseil général de la Côte-d'Or, réuni aux délégués des districts de ce département, et en présence de deux administrateurs du Jura, lesquels s'étaient engagés à notifier à la Drôme et à la Haute-Garonne les délibérations de l'assemblée.

Cet arrêté portait que le Département de la Côte-d'Or se mettrait en correspondance avec toutes les parties de la République au moyen de commissaires envoyés à Laon, à Limoges et au Mans, et qui, de là, entreraient en rapports avec les autres départements. L'objet de leur mission était de concerter la rédaction d'une adresse uniforme à l'Assemblée nationale sur les bases suivantes :

1° Unité et indivisibilité de la République ;

2° Unité et indivisibilité de la représentation nationale ;

3° Inviolabilité des représentants ;

4° Entière liberté de leurs opinions ;

5° Une prompte constitution fondée sur les principes de la liberté et de l'égalité.

---

1. Registres de la société, aux Archives de l'hôtel de ville de Limoges.

L'adresse devait déclarer à la Convention que tous les citoyens étaient prêts à marcher pour assurer l'exécution de ses décrets ; qu'ils tireraient vengeance des atteintes portées à l'inviolabilité des représentants ou à leur liberté et qu'ils s'insurgeraient contre toute usurpation d'autorité, toute dictature de la Commune. Ces déclarations solennelles et les vœux de la nation devaient être portés à l'Assemblée par des commissaires de tous les départements qui se présenteraient ensemble à la barre. On projetait aussi une « adresse fraternelle » aux sections de Paris [1].

Cette délibération des administrateurs de la Côte-d'Or répondait trop bien aux plus intimes sentiments de leurs collègues de la Haute-Vienne pour ne pas recevoir de ces derniers un favorable accueil. Le conseil général adhéra à l'arrêté, et, afin de concourir à l'exécution du programme tracé par les autorités de Dijon, décida que ces mesures seraient communiquées aux Départements de la Corrèze et de la Dordogne ; le lendemain il désignait deux de ses membres, le vicaire épiscopal Gay-Vernon et Matthieu Lachassagne, pour se rendre, le premier à Tulle, le second à Périgueux, avec la mission de communiquer aux administrateurs de ces deux chefs-lieux l'arrêté de la Côte-d'Or et les résolutions conformes de la Haute-Vienne.

Ces députés se présentèrent l'un et l'autre, le 8 juin, aux autorités auprès desquelles ils avaient été envoyés. A Périgueux, Mathieu Lachassagne fut reçu avec sympathie. Les administrateurs adhérèrent aux mesures qu'il était chargé de leur proposer ; ils décidèrent en même temps que celles-ci seraient sur-le-champ notifiées au Lot, au Lot-et-Garonne, à la Gironde et à la Charente-Inférieure, et quatre des membres de l'assemblée furent désignés pour se rendre « sans désemparer » auprès des administrations de ces départements avec une mission analogue à celle dont Mathieu Lachassagne venait de s'acquitter à Périgueux [2].

Gay-Vernon n'obtint pas le même succès. Il faut dire qu'il n'avait pas dû accepter sans répugnance un mandat si peu conforme à ses idées et il y a lieu de s'étonner qu'il n'eût pas cherché à l'esquiver. Quoi qu'il en soit, arrivé à Tulle, il exposa l'objet de son voyage devant une assemblée où avaient été convoqués,

---

1. Archives de la Haute-Vienne, L 3.
2. Archives de la Haute-Vienne, L 123.

outre les membres du directoire de la Corrèze, ceux du conseil général et les délégués des districts. La proposition du Département de la Haute-Vienne ne paraît pas avoir rencontré une seule adhésion. Le triomphe des Jacobins à Paris était complet et on était édifié sur l'étendue de la défaite du parti Girondin. La Corrèze d'ailleurs s'était montrée, on le sait, beaucoup plus ardente à accueillir et à pratiquer les maximes révolutionnaires qu'aucun des départements de la région. Les membres de la réunion qui prirent la parole représentèrent que, depuis le 30 mai, les circonstances avaient changé : les mesures qui avaient pu paraître utiles avant la connaissance complète des derniers événements n'offraient plus, dans la situation présente, que des dangers. Les Français, dans la tourmente qui sévissait sur le pays, devaient avoir un seul point de ralliement : la Convention, et la réunion de commissaires départementaux à Tours ou à Bourges pouvait aboutir à un fédéralisme partiel. Sur ces considérations et à l'unanimité, l'assemblée repoussa par l'ordre du jour les propositions qui lui étaient soumises, décida l'envoi d'une adresse aux représentants pour les engager à hâter le vote de la constitution et fit donner la plus grande publicité à cet arrêté. Peu après, la démarche des administrateurs de la Haute-Vienne était dénoncée au comité de salut public[1], et plusieurs membres des corps constitués de Périgueux, le procureur syndic de l'administration départementale notamment, étaient décrétés d'arrestation.

Cependant Lyon s'était soulevé; la plus vive effervescence régnait à Rennes, à Marseille, à Toulouse, à Nîmes, à Besançon, dans le Jura. L'insurrection royaliste de la Lozère faisait des progrès. La Vendée grandissait et devenait formidable. Quelques-uns des Girondins proscrits, réfugiés dans l'Eure et le Calvados, organisaient à Caen l'*Assemblée centrale de résistance à l'oppression* et annonçaient déjà l'envoi de troupes contre Paris ; une partie de l'Ouest s'agitait. A Bordeaux, la motion avait été faite, dès le 25 mai, d'expédier des courriers extraordinaires aux départements voisins pour les inviter à aller au secours de la Convention. Les amis des proscrits répandaient les lettres qu'ils avaient reçues de ces derniers et notamment l'éloquente page connue sous le nom de *Testament de Gensonné :*

---

1. Archives de la Haute-Vienne, L 123.

ces accents émus avaient produit, dans le peuple, une impression profonde. Les administrateurs, soutenus par les sections de la ville, protestèrent hautement contre le décret du 2 juin. Dans la nuit du 6 au 7, deux représentants du peuple, que leur mission avait appelés à Bordeaux, étaient arrêtés, et le 9, les autorités administratives et judiciaires du département, des districts et de la ville, réunies, se constituaient en *Commission populaire de salut public*. On s'occupait sans perdre un instant d'organiser une force armée et on faisait un appel à tous les départements pour les réunir dans une action commune[1].

Jamais la situation n'avait été plus menaçante et plus sombre. La France, de nouveau pressée par l'étranger, voyait sur dix points à la fois se préparer la guerre civile. Il fallut des prodiges d'activité, d'énergie, d'audace pour sauver le pays de l'abîme de maux où il semblait près d'être à jamais englouti. Ces prodiges, les hommes qui étaient à ce moment au pouvoir surent les accomplir. L'historien, témoin de ce grand spectacle, ne peut empêcher que l'admiration se mêle parfois au sentiment d'horreur qu'inspirent ces terroristes couverts de sang, auteurs de mesures exécrables, représentants d'un système où tous les droits, toutes les affections, toutes les dignités, toutes les faiblesses de l'être humain étaient foulés aux pieds, où sous les oripeaux menteurs de la liberté se cachait le plus effroyable despotisme, où on inaugurait une organisation économique qui devait infailliblement aboutir à la ruine de la France.

Les députés du parti modéré que l'émeute n'avait pas arrachés de leurs bancs conservaient encore quelque espoir; malgré les entraves de toute sorte que devait éprouver l'envoi des protestations sur lesquelles ils comptaient pour livrer un dernier combat, malgré les mesures prises par la Commune et le comité de salut public pour entraver la correspondance entre Paris et la province, malgré les efforts des Jacobins pour provoquer sur tous les points de la République, au moyen des sociétés affiliées, une puissante manifestation qui mît le comble à leur triomphe, tout ne semblait pas encore perdu. L'adresse suivante, envoyée le 7 juin par quatre députés de la Haute-Vienne aux membres du conseil général et aux citoyens du département, prouve que le

---

1. Vivie. *Histoire de la Terreur à Bordeaux*, t. I. — Bordeaux, Féret, 1877.

parti girondin, décimé et vaincu, n'était pas complètement ter-
rassé :

Les députés à la Convention nationale par le département de la
Haute-Vienne, soussignés,

Aux citoyens composant le conseil général du même département
et à leurs commettants directs.

Nous avons vu avec satisfaction et sans étonnement le développement des principes manifestés dans votre adresse du 23 et votre
lettre du 30 mai dernier. Ces principes sont ceux que professent et
doivent professer les véritables amis de leur pays. Votre adresse à la
Convention n'a pas été lue ; mais nous allons prendre le parti de
faire imprimer les dépêches que vous nous avez adressées. Cette
publicité sera une récompense de plus ajoutée à celle que méritent la
pureté de votre civisme et celui de vos administrés.

Depuis avant-hier les barrières sont ouvertes. Si les lettres ne le
sont plus par les ordres du comité central révolutionnaire qui s'est
établi à Paris depuis le 31 mai, jour qu'on indique comme l'époque
d'une nouvelle révolution, vous pourrez recevoir notre lettre. Peut-
être l'obsession où nous tient une poignée d'hommes aura cessé, et
l'expression de la pensée aura le libre cours qu'on ne saurait lui ôter
sans écraser la liberté. Alors, et dans ce cas, vous recevrez l'épan-
chement de nos âmes et la relation exacte des faits qui intéressent [1]
essentiellement la République entière.

Nous vous l'avons fait (?) par une lettre du 5 de ce mois, que nous
avons remise le même jour au citoyen Lesterpt-Beauvais qui est allé
en mission à Saint-Etienne pour hâter (?) la fabrication des armes.
Il la fera partir dans sa route d'un bureau où la violation du secret
des lettres et leur (?) arrestation ne seront pas regardées comme un
devoir (?) civique [2].

On doit discuter aujourd'hui le projet présenté hier au nom du
comité de salut public touchant les comités révolutionnaires et bien
extraordinaires formés à Paris et l'organisation de la force armée de
la même ville. On propose de casser les uns et d'organiser enfin
l'autre suivant la loi. Nous attendons un décret conforme et nous
voudrions avoir l'espoir de son exécution.

---

1. *Aussi*, biffé.

2. Tout ce paragraphe a été biffé postérieurement à la réception de la lettre et
avec beaucoup de soin, soit par les administrateurs de la Haute-Vienne, pour
faire disparaître un grief à la charge de Lesterpt, soit avant l'envoi, comme semblent l'indiquer les premières lignes de la lettre des administrateurs du 13 juin,
citée plus loin.

Les députés détenus en vertu du décret rendu dans la trop fameuse journée du 2 juin, attendent et réclament impatiemment qu'on produise les griefs qui auraient dû précéder et motiver leur arrestation.

Nous vous adressons les deux derniers numéros du *Journal du soir* par Et. Feuillant. Ce journal se publie [1] hautement dans toutes les rues de Paris. On permettra sans doute qu'il vous parvienne; il ne parait pas être du nombre de la multitude de ceux dont on arrête le cours. Les détails qu'il contient sont exacts et intéressants. Nous y joignons l'adresse des trente-deux sections de la Commune de Marseille et plusieurs autres, imprimées par ordre de la Convention. Nous devons présumer qu'on respectera ce qui émane de cette autorité.

Paris est actuellement calme. Les bons citoyens y sont en très-grand nombre et nous devons croire que, las enfin de se voir mus en sens contraire de leurs sentiments et de l'intérêt public, ils livreront à l'indignation publique et au glaive des lois les fauteurs de la tyrannie qu'on cherche à rétablir. Avant qu'on y parvienne et qu'on recule d'un instant la constitution qu'attend la France, la constitution qui peut la sauver, nous aurons rougi de notre sang la terre de la liberté.

Vos frères, vos amis, vos concitoyens, les intrépides défenseurs des droits sacrés de l'homme et de leur pays.

LACROIX. — RIVAUD. — SOULIGNAC. — FAYE.

Paris, le 7 juin 1793, l'an II de la République française.

P. S. — Vous aurez sans doute reçu la lettre détaillée que nous vous avons écrite ces jours derniers [2].

L'échec que les administrateurs de la Haute-Vienne venaient d'éprouver à Tulle, le peu d'appui qu'ils rencontraient dans la population, incertaine et terrifiée, l'attitude menaçante du club, avaient abattu leur courage. Se sentant isolés, impuissants, que pouvaient-ils faire? Réduits à l'inaction, ils n'en étaient pas moins l'objet d'une surveillance pleine d'hostilité de la part des Jacobins, qui partageaient en ce moment leurs défiances entre le directoire du département, les autorités du Dorat et des environs, et le District de Saint-Yrieix.

La population et les autorités du chef-lieu de ce district s'étaient prononcées avec énergie en faveur des Girondins. A la

---

1. **Deux** mots biffés, dont le dernier parait être *très*.
2. **Archives de la Haute-Vienne**, L 128.

nouvelle des événements de Paris, les trois corps constitués : tribunal, District et Commune, s'étaient assemblés, bien résolus à protester contre l'atteinte portée à la liberté et à l'intégrité de la représentation nationale. Le 7, ils prenaient une délibération en forme d'arrêté, déclarant qu'à tous les malheurs déchaînés sur la France par les menées de la Montagne, par les audacieuses usurpations de la Commune de Paris, dont les chefs provoquaient sans cesse au pillage et à l'assassinat, il existait un seul remède : le renouvellement de la Convention. En conséquence ils réclamaient la convocation des assemblées primaires en vue de désigner de nouveaux électeurs. Trois commissaires devaient porter au Département l'arrêté des autorités de Saint-Yrieix, lequel serait envoyé aux six Districts de la Haute-Vienne avec invitation pressante d'y adhérer, imprimé, publié et transmis à tous les Départements de la République[1]. Le commissaire national près le tribunal, Queyroulet, paraît avoir été l'âme de cette manifestation. Peut-être un sentiment de haine ou de jalousie personnelle à l'égard de Bordas se mêlait-il, chez ce personnage, aux élans du patriotisme et contribuait-il à inspirer sa conduite. Il est certain que la lettre écrite le 2 juin par le représentant avait été accueillie avec des témoignages de colère et d'indignation. La plupart des membres de la Société des *Amis de la liberté* de Saint-Yrieix suivirent le courant et trois fonctionnaires seulement protestèrent : Sulpicy, procureur syndic du district, le maire et un officier municipal du nom de Petit.

Le 8, les autorités de Saint-Yrieix et le peuple s'assemblèrent dans le local où le club tenait ses séances et renouvelèrent leur protestation contre le triomphe des Jacobins, leurs menées, leurs violences, contre la Montagne qui menaçait la liberté et la sécurité des citoyens; mais la réunion avait un autre objet et, après ces préliminaires, on y arriva. Un orateur rappela la conduite de Bordas, l'appui donné par lui aux ennemis des Girondins; après quoi il fut solennellement déclaré traître à la patrie et indigne de la confiance publique. Défense fut faite à tous les

---

1. Le registre des arrêtés du district de Saint-Yrieix, qui devait contenir la délibération du 7, n'existe pas aux Archives départementales, et nulle part nous n'avons pu découvrir le texte de cette délibération, qui fut pourtant imprimée. Nous en donnons l'analyse d'après le rapport présenté par Lanot au nom du comité de sûreté générale, dans la séance de la Convention du 7 août 1793.

citoyens de correspondre avec lui et on raya son nom de la liste des membres de la Société. Le lendemain on brûlait l'arbre de la liberté qui avait été planté à la porte de l'habitation de Bordas. C'était la contre-partie de ce qui se passait ailleurs à l'égard des représentants appartenant au parti modéré.

Le Département, qui s'était rendu compte de l'étendue de la défaite des Girondins, dissuada les corps constitués de Saint-Yrieix de donner suite à cet arrêté et ceux-ci se rendirent à ce conseil. Mais la délibération du 7 et les scènes des jours suivants avaient été sur-le-champ dénoncées à la Société de Limoges, qui s'était empressée de les signaler au Comité de salut public. Pendant ce temps, les administrateurs de la Haute-Vienne, espérant sans doute que cette manifestation tomberait dans l'oubli, n'avaient pas cru nécessaire de casser l'arrêté. Cette conduite engageait gravement leur responsabilité. Ce n'était pas le premier témoignage de ses dispositions anti-révolutionnaires que donnait le district de Saint-Yrieix : un délégué du club de Limoges y avait tout récemment reçu un accueil peu satisfaisant ; les décrets relatifs à la vente des biens des émigrés n'y avaient été exécutés qu'avec beaucoup de difficultés et de lenteurs. Le Département s'était même vu forcé d'annuler un arrêté pris par le Directoire du district à ce sujet. A cette partie de la Haute-Vienne on pouvait enfin reprocher la tiédeur qu'elle avait apportée à s'associer aux mesures relatives à la répression du mouvement vendéen.

Suspects à Limoges, suspects à Paris, M. Durand et ses collègues étaient obligés d'assister, immobiles, au spectacle des évènements. Ils ne pouvaient même pas transmettre aux députés l'aveu de leur impuissance et se bornaient à leur envoyer l'expression de leurs angoisses et de leurs douleurs. Ainsi, ils leur écrivaient le 13 :

Nous avons reçu la lettre que vous nous avez adressée le 7 de ce mois, dans laquelle le dernier paragraphe de la première page est raturé de manière à le rendre illisible. *La lettre détaillée dont vous nous parlez dans un post-scriptum ne nous est point parvenue.* Vous pouvez faire l'usage qui vous paraîtra convenable de nos dépêches.

Nos sentiments sont ceux des républicains français, de citoyens qui ne respirent que pour le salut de la patrie et pour le bonheur général.

Nous continuons de gémir sur les funestes divisions qui agitent nos représentants; nous soupirons après une constitution qui rappelle l'ordre et la tranquillité. Nous désirons l'anéantissement des parjures, des traîtres, des factieux, des agitateurs, des tyrans, sous quelque dénomination qu'ils se présentent.

Nous gémissons sur les nouveaux événements dont vous nous parlez; nous attendions le bonheur et le salut de la Convention nationale. Nos espérances seraient-elles absolument déçues ? Eprouverons-nous d'autres déchirements ? Quels désastres accableront encore une patrie si chère !

Nous finissons par ces tristes et désolantes réflexions, en vous offrant, citoyens frères et amis, les assurances de notre inviolable attachement et de la plus intime fraternité.

Durand, président[1].

On remarquera la phrase en italiques, soulignée à l'original, et par laquelle l'administration déclarait n'avoir pas reçu l'adresse du 4 juin. Elle lui était cependant parvenue, et ce mensonge doit être attribué non moins au désir du directoire de faire disparaître un document des plus compromettants pour ses auteurs, qu'au souci de sa propre sûreté. Toutefois les administrateurs durent bientôt convenir de la vérité sur ce point..

En même temps que la lettre des quatre députés restés à Paris, le Département recevait de Gay-Vernon une réponse à sa missive du 28 mai :

Citoyens, écrivait l'évêque, je ne suis pas de votre avis lorsque vous m'écrivez que je ne dois compte à personne de ma conduite dans la Convention. Je me crois au contraire redevable à tous. Tout agent, tout administrateur, tout représentant n'est qu'un commis du peuple : tout citoyen a le droit de le surveiller, de l'improuver s'il n'agit pas convenablement. Vous êtes amis de la liberté, et conséquemment ennemis des maximes de l'ancien régime. Or, vous savez qu'il avait soin de répandre cette doctrine que les autorités ne devaient jamais être censurées par les administrés. Lorsque je vous ai écrit, je vous ai dit la vérité. L'insurrection morale qui a eu lieu à Paris n'est que le résultat des calomnies contre cette ville célèbre ; ceux qui se sont fondés sur cet échafaudage pour nous fédéraliser vont continuer leurs manœuvres. Nous espérons que la sagesse des

---

1. Archives de la Haute-Vienne, L 314. Cette pièce se trouvait dans les papiers de Soulignac que la famille de l'ancien conventionnel, mort conseiller à la cour de Limoges, déposa aux Archives du département.

administrations et des administrés ne donnera pas dans ce piége. La Convention fera plus de travail dans quinze jours qu'elle n'en a fait dans huit mois. Voici ce qui devrait satisfaire les bons citoyens. La patrie est tout et les individus ne sont rien. Par une fatalité commune à toutes les révolutions, les individus se mettent à la place des choses. Tout ce qu'on vous mande sur les projets de Paris est chimérique. Paris ne veut qu'égalité et liberté. Souvenez-vous que La Fayette vous paraissait un grand homme; que Dumouriez, son digne émule, nous a paru tel; que Louis le Dernier, le 20 juin, fut plaint et soutenu par beaucoup d'administrations. Eh! bien, la Révolution a fait justice de tous ces hommes-là. Mon opinion est que beaucoup d'autres traîtres subiront le sort qu'ils méritent. La Révolution a une cause supérieure à toutes les forces humaines : elle est dans les desseins de la nature. Tous ceux qui voudront y mettre obstacle seront culbutés.

Ce langage est celui de la liberté ; je n'en connais pas d'autre. Mon espérance est que vous continuerez à la bien servir [1].

A cette lettre, le Département répondait, le 12, par ces lignes où il est impossible de ne pas reconnaître, auprès d'un plaidoyer timide en faveur des proscrits du 2 juin, l'indice de son désir de rentrer en grâce auprès de l'évêque :

Nous ne nous sommes nullement entendus, puisque nous sommes parfaitement d'accord que tout représentant, tout administrateur, tout agent doit compte de sa conduite. Aussi n'avons-nous parlé que d'opinion. Et encore entendions-nous des opinions prononcées à la Convention, qui doivent être parfaitement libres, et pour lesquelles, aux termes des lois non abrogées, nul député ne peut être inquiété ni recherché. Si c'est un compte de la conduite des députés de la Haute-Vienne, que vous et vos collègues avez voulu nous rendre, nous vous disons, en vous témoignant notre gratitude pour cette complaisance, que vous n'en devez pas plus aux administrateurs et aux administrés de ce département qu'aux autres citoyens de la République; que notre députation étant partie intégrante de la représentation nationale, ne peut être jugée que par la nation et non par une section du tout un et indivisible. Au surplus, nous sommes républicains; nous détestons les traîtres et tous les parjures aux serments qui nous lient et nous unissent tous au salut de la patrie. Nous faisons des vœux pour que toutes les trames, tous les complots

1. Archives de la Haute-Vienne, L 128.

contre l'égalité et la liberté soient déjoués et punis, et promettons de
dénoncer et de poursuivre vigoureusement tous ceux qui viendront à
notre connaissance [1].

Qu'importaient ces discussions théoriques sur le mandat de
député? Les débats de 1789, de 1792 étaient bien loin. Il ne
s'agissait plus de principes ni de droits. La Montagne avait
arraché à la représentation nationale les pouvoirs qui avaient
été confiés par la France à ses élus, et elle avait déclaré qu'elle
seule pouvait et saurait les remplir. A elle à présent de sauver le
pays! Il faut lui rendre cette justice, qu'une fois les Girondins
vaincus, elle sembla hésiter à leur porter le dernier coup, et les
abandonnant un instant, elle réunit toutes ses forces pour faire
face aux ennemis du dehors et étouffer au dedans les insurrections. Était-ce clémence, dédain ou politique? Ce fut sans doute
un mélange de ces divers sentiments qui dicta sa conduite. Mais
si elle parut admettre un moment l'idée d'épargner ses ennemis
abattus, elle se montra inexorable pour tous ceux qui osèrent
prendre leur défense, élever la voix en leur faveur, pour ceux-là
même qui balancèrent à reconnaître son autorité et à acclamer
son triomphe. Les indécis, elle les considéra comme des adversaires. Le pays, le gouvernement, l'Assemblée, c'était à cette
heure les Jacobins, la Commune de Paris et le Comité de salut
public. Ils avaient vaincu le 2 juin; la France était à eux. Il
fallait se prononcer pour ou contre le fait accompli, et l'échafaud
était là pour faire prompte justice des résistances. Plus énergiques, autrement terribles que les Girondins, leurs vainqueurs
n'étaient pas disposés à se laisser ravir le pouvoir. Ils s'y étaient
enfermés comme dans une citadelle et ils y auraient tous péri,
mais rien n'aurait pu les faire capituler. Malgré leurs diver-
gences d'opinions, un péril commun les rapprochait : Cordeliers
et Jacobins, Maratistes, Dantonistes, Robespierristes, Hébertistes,
marchaient étroitement unis, ne présentant qu'un seul front aux
ennemis du dedans et du dehors, résolus, menaçants, inflexibles.
La peur gagna peu à peu les départements qui avaient tout
d'abord protesté contre la mutilation de l'Assemblée nationale.
L'enthousiasme et l'effervescence des premiers jours se refroi-
dirent et firent place à l'inquiétude, au doute, à l'hésitation. Les
méfiances que les agents des Jacobins surent habilement semer

1. Archives de la Haute-Vienne, L 128.

et entretenir entre leurs ennemis, furent pour beaucoup dans l'avortement des projets du parti girondin. Les plus compromis cherchèrent à faire oublier aux vainqueurs les généreux élans que leurs cœurs indignés n'avaient su réprimer et leurs courtes velléités de résistance. La cause des proscrits perdit ses meilleurs défenseurs. Ce n'était pas seulement la terreur du châtiment, l'horreur de la guerre civile, les calomnies répandues sur les desseins des députés fugitifs, sur les intelligences des insurgés de Lyon et du Calvados avec les royalistes, qui enrayèrent le mouvement départemental. Les Jacobins eurent la faim pour auxiliaire et pour avant-garde. Ils demandaient depuis longtemps des taxes extraordinaires sur les riches ; ils s'étaient par là concilié les pauvres. Dans la Haute-Vienne, la misère était à son comble. L'hôpital de Limoges renfermait à ce moment quatre mille vieillards, enfants, infirmes ou malades, et sur une population inférieure à trente mille âmes, plus de dix mille personnes se trouvaient sans moyens d'existence. On ne travaillait plus qu'à la fabrication des armes et à l'équipement des troupes. Sans occupation, sans ressource, les artisans et les ouvriers des villes vivaient sur la place comme les citoyens des républiques de l'antiquité ; mais il n'y avait plus d'esclaves pour nourrir ces oisifs, et les riches seuls avaient encore le pain du lendemain assuré. Et encore ! — Sur eux seuls retombait tout entière la lourde charge des impôts ; à eux seuls on pouvait recourir pour donner du pain à cette multitude affamée qui perdait peu à peu l'habitude du travail et s'accoutumait à vivre de l'existence fiévreuse du forum, à l'affût des nouvelles, le cerveau plein de grandes paroles, jouet de sa sensibilité et de son imagination surexcitées, sans cesse passant de l'enthousiasme à la haine et de folles colères à des attendrissements inattendus.

Le gouvernement révolutionnaire fut inexorable. A tous les départements qui avaient incliné vers la Gironde ou qu'il soupçonnait de n'avoir pas complètement rompu avec les idées antijacobines, il refusa toute espèce de secours et réussit, par cette conduite, à soulever partout le peuple contre les autorités dont le dévouement n'était pas entier.

Ne pouvant songer à opposer une digue au courant jacobin, les corps constitués au sein desquels l'élément montagnard ne dominait pas furent réduits à se renfermer dans les limites de leurs attributions administratives, où, du reste, les nécessités de l'heure présente suffisaient à absorber toute leur activité. La direction du mouvement politique passa tout entière aux sociétés populaires qu'inspirait le club de Paris. On a vu que celle de Limoges, dès le 4 juin et à la première nouvelle de la levée de boucliers des sections parisiennes contre la Gironde, avait manifesté d'une façon énergique son adhésion à l'attitude de la Montagne et félicité la Commune insurrectionnelle de son énergie; elle s'était prononcée nettement contre toutes les mesures proposées par les départements où s'exerçait l'influence girondine : contre la convocation des suppléants à Bourges, contre la réunion d'un congrès à Toulouse ou à Tours, contre toute participation au mouvement de Bordeaux ; elle avait improuvé toutes les adresses, tous les actes des autorités ou des clubs qui ne lui avaient pas paru dictés par le plus orthodoxe jacobinisme. Non contente de cette attitude déterminée, elle avait arrêté la rédaction et l'envoi, à toutes les sociétés affiliées, d'un manifeste relatif aux derniers événements. Le 14 juin, en effet, elle lançait ce factum, un des plus vigoureux panégyriques en faveur de la Commune de Paris dont nous ayons gardé le souvenir. Peu de documents de l'époque révèlent d'une manière plus éclatante l'influence des Jacobins sur les clubs affiliés et la docilité de ceux-ci au mot d'ordre émané de la société mère. La pièce est longue et nous nous bornerons à en reproduire quelques passages :

Depuis plus de six mois, Paris voyait un grand colosse qui s'élevait à côté de la statue de la Liberté et qui menaçait enfin de la renverser.

Depuis plus de six mois Paris voyait se creuser sous nos pas un précipice affreux qu'on avait soin de couvrir avec des fleurs de rhétorique, quelques motions populaires et beaucoup de journaux imposteurs.

Depuis plus de six mois, Paris voyait la Convention se déshonorer par ses passions, par ses fautes, et organiser légalement la contre-révolution.

Depuis plus de six mois, Paris voyait à chaque séance la guerre civile, l'anarchie, le fédéralisme, et par conséquent le malheur du peuple à l'ordre du jour.

Depuis plus de six mois, Paris entendait parler d'une faction d'Orléans qu'on ne voyait jamais et voyait une faction de riches et d'avocats dont on ne voulait pas entendre parler. Depuis plus de six mois, Paris entendait dénoncer le complot d'égorger tout le côté droit et ne voyait tomber que des pierres de la Montagne.

Enfin, depuis plus de six mois, Paris était devenu l'objet éternel des plus atroces calomnies. Il se voyait accusé d'influencer la Convention, tandis qu'il ne pouvait en obtenir une Constitution qu'il demandait à grands cris avec tous les départements ; il se voyait accusé de tenir sous le couteau l'opinion de quelques députés, tandis que chaque jour il écoutait sans murmure leurs calomnies et leurs outrages.

Eh ! bien, dans une position si cruelle et si dangereuse, qu'a fait Paris ? — Ce qu'il fit toujours depuis le commencement de la Révolution, dans toutes les circonstances critiques, ce que nous aurions dû faire nous-mêmes et ce que nous aurions fait à coup sûr si nous eussions été dans Paris. Il a pris naturellement la place et l'attitude qui convenaient. Il s'est levé tout entier avec une majesté qui n'a point d'exemple. Il a dénoncé tous les traitres ; il a contenu tous les brigands capables de commettre des crimes pour les lui imputer. Il a fait un triple rempart de citoyens vertueux autour de tous nos représentants... Paris a bien mérité de la patrie !

Mais, dites-vous, nos députés eux-mêmes ont écrit qu'ils n'étaient pas libres. — Et Capet aussi, après avoir accepté librement la Constitution, écrivait à ses chers cousins qu'il n'était pas libre ; et Capet aussi, après la journée du 20 juin, mendiait auprès de ses chers directoires des adresses improbatives de cette heureuse journée qui nous sauva ; et Dumouriez aussi, l'infâme, le scélérat Dumouriez, lorsqu'il voulut consommer le plus atroce de tous les crimes, vous écrivit que vos députés n'étaient pas libres ?

Vos députés vous ont écrit qu'ils n'étaient pas libres ? Mais la liberté consiste-t-elle à pouvoir consommer impunément la perte de vingt-quatre millions d'hommes ? Eh ! non, sans doute, ils ne devaient pas être libres de fédéraliser la France, de renverser la République, d'anéantir la liberté et de décréter le malheur du peuple français ; mais ils ont toujours été libres de faire notre bonheur.

Frères et amis ! c'est en réclamant la liberté de voyager que les émigrés sont parvenus à nous susciter la guerre étrangère.

C'est en réclamant la liberté de penser que les prêtres sont parvenus à allumer la guerre intestine.

C'est en réclamant la liberté d'écrire que les journalistes ont réussi à corrompre l'esprit public.

Et c'est aussi en réclamant la liberté d'opiner que le côté droit tend à faire égorger aujourd'hui cinq ou six millions d'hommes.

Mais encore, dites-vous, nos députés sont détenus. — Et nous aussi, frères et amis, nous avons parmi les détenus deux députés [1]

1. Parmi les proscrits du 2 juin figurent en effet deux députés natifs de

que notre ville a vus naître ; mais nous savons qu'ils appartiennent à la République entière et qu'ils sont en sûreté sous le glaive de l'opinion comme sous celui de la loi. Leurs talents ont fait tour à tour notre gloire et notre confusion. Nous attendons en silence l'arrêt terrible qui sera bientôt prononcé. S'ils sont innocents, nous nous en réjouirons avec éclat ; s'ils étaient coupables, chers amis, des républicains oseraient-ils les regretter [1] ?...

L'adresse se termine par des protestations de dévouement à l'Assemblée nationale, de haine au fédéralisme et à la royauté.

Ce manifeste, qui devait valoir à la société des félicitations unanimes et dont les Jacobins de Paris, de Toulouse et de plusieurs autres villes votèrent la réimpression, fut communiqué par le club aux corps administratifs ; invité à y adhérer, le Département ne put s'y résoudre et garda, pendant assez longtemps, un silence obstiné à cet endroit, malgré les véhémentes interpellations que lui lançaient chaque soir les orateurs de la société.

Deux jours après la publication de l'adresse des *Amis de la République,* la lettre écrite le 4 juin par les députés au Département, déjà plusieurs fois dénoncée, était lue à la tribune du club de Limoges et y provoquait une explosion de colères. A l'unanimité, la société protestait contre les idées qui y étaient émises, arrêtait que son comité de correspondance préparerait une réponse à ce dangereux factum et décidait qu'on enverrait en même temps à Lesterpt et à ses amis, pour les édifier pleinement sur les principes et les opinions des *Amis de la République,* un exemplaire du manifeste adressé par ces derniers aux sociétés affiliées. Faye et Soulignac, qui figuraient encore sur le tableau des membres du club, en furent rayés.

A la même époque, la Convention, sur le rapport du Comité de salut public, rappelait Lesterpt-Beauvais dans son sein et le remplaçait à Saint-Etienne par Noël Pointe. Cette mesure était motivée sur ce que Lesterpt avait signé le manifeste du 4 juin, et « engagé les administrateurs de la Haute-Vienne à se fédéraliser contre l'Assemblée nationale ».

Limoges : Vergniaud et Gorsas ; à ce moment, toutefois, le premier seul était en état d'arrestation. Gorsas avait réussi à quitter Paris et s'était réfugié à Caen.

1. Archives de la Haute-Vienne, L 123.

VII.

Le 16 juin, deux voyageurs venant l'un de Lons-le-Saulnier,
l'autre de Lyon, étaient arrêtés à Limoges. Leurs passeports,
parfaitement en règle du reste, avaient appelé l'attention de
l'officier municipal auquel ils les avaient présentés pour être
visés. Tous les deux allaient à Bordeaux et cette ville était alors
un foyer ardent de contre-révolution. Le municipal témoigna aux
deux étrangers sa surprise de les voir, en un tel moment, quitter
leur pays pour se rendre dans une contrée en état d'insurrection
ouverte contre la République. Sur leurs réponses, conçues en
termes évasifs et peu en harmonie avec les énonciations mêmes de
leurs passeports, l'officier de police crut devoir les conduire au
comité départemental de salut public et de surveillance, où ils
furent interrogés. On visita *leurs papiers, leurs effets, leur voi-
ture* : on y trouva des proclamations, des arrêtés émanant des
autorités du Jura et de Rhône-et-Loire, une lettre imprimée
datée de Paris, le 5 juin, et contenant un appel aux armes contre
les oppresseurs de la représentation nationale, plus une note
indiquant la route que les voyageurs devaient parcourir et une
liste des départements que les villes de Lyon, Marseille et Bordeaux pouvaient grouper autour d'elles au cas d'un mouvement
en faveur du parti vaincu. Le comité déclara aux voyageurs
qu'il ne pouvait les laisser continuer leur route avant d'avoir
pris les ordres de l'autorité supérieure. Les corps administratifs
furent aussitôt convoqués pour le lendemain. La société populaire, prévenue de ce qui se passait, s'était réunie extraordinairement et avait chargé plusieurs commissaires d'assister à la
séance.

Les deux étrangers, qui avaient renoncé à toute feinte et
reconnu être chargés par plusieurs corps administratifs de parcourir certaines parties de la France pour remplir une mission
patriotique, se présentèrent avec une attitude fort digne devant
les autorités constituées de la Haute-Vienne. Renouvelant les
déclarations qu'ils avaient faites la veille devant le comité de
salut public, ils dirent qu'il était dans leurs intentions d'aller
trouver les administrateurs du département et de leur communiquer leurs vues, mais qu'auparavant ils avaient voulu se rensei-
gner sur l'esprit qui régnait parmi les autorités. L'un se nom-

mait Gauthier, membre du Département du Jura et commissaire de ce Département; l'autre, Tardy, également membre de l'administration et commissaire de Rhône-et-Loire; ils exhibèrent au président des passeports datés de Lons-le-Saulnier le 7 juin et de Lyon le 12, recommandant les porteurs aux municipalités et administrations comme chargés d'une « mission civique ». Tardy déclara que l'objet de sa mission était de détromper les autorités sur le sens des événements qui s'étaient passés à Lyon, de calmer les appréhensions suscitées par les rapports faits à la Convention et au pays sur ces événements, de protester contre toute idée de complot tendant à une scission entre les départements méridionaux et le reste de la République. Il était envoyé non-seulement pour éclairer l'opinion à cet égard, mais aussi pour s'éclairer lui-même, pour solliciter des conseils, pour demander aux administrations des avis qui permissent à Lyon de prendre un parti sur la conduite à adopter dans les conjonctures présentes.

Le terrain ainsi préparé, Gauthier prit à son tour la parole. Son discours, qu'il fut invité à déposer sur le bureau de l'assemblée, et qu'il remit, signé de lui, au président de l'administration départementale, nous a été conservé.

Après avoir rappelé tout ce que le Jura devait à la Révolution et tout ce que la Révolution trouva de dévouement et d'amour chez ses habitants, il continuait en ces termes :

Le 24 du mois dernier, ayant pressenti les événements du 31 et des jours suivants et craignant de voir, dans la dissolution de la Convention nationale, le tombeau de la liberté, le signal de la guerre civile et la destruction de la République, le Département du Jura résolut d'employer tous les moyens qui seraient à son pouvoir pour le maintien de la République une et indivisible, de la liberté et de l'égalité.

D'après ces sentiments, citoyens, il prit un arrêté tendant, en cas de dissolution de la Convention nationale, à son remplacement provisoire par ses suppléants, afin de mettre en activité la souveraineté du peuple pour le choix des membres d'une nouvelle Convention et transmit cet arrêté à tous les départements qui l'environnent, en les invitant à le communiquer aux départements plus éloignés de la République. Cette mesure, presque généralement adoptée, vous fut présentée, citoyens administrateurs, par les commissaires députés de la Côte-d'Or. Votre détermination ne nous est pas encore parvenue.

Depuis l'époque de cet arrêté, des événements nouveaux, des scènes plus malheureuses encore ont justifié les craintes anticipées du Département du Jura.

Alors, convaincu que Paris, qui fut le berceau de la liberté, renferme dans son sein le parti qui veut la détruire, qu'une partie précieuse de la Convention n'a été arrêtée, par un simulacre de loi, que dans le dessein d'égarer le peuple sur la moralité et les principes de ses plus courageux défenseurs ; que la Convention n'est pas libre dans cette grande cité, qu'elle y a été attaquée dans sa souveraineté, son indivisibilité et l'intégrité de sa représentation ; que les derniers décrets rendus en son nom dans les séances des 1, 2 et 3 de ce mois ne sauraient être que l'effet de la violence, — le Département du Jura, dévoué à tous les genres de sacrifices, à la mort même, pour détourner les malheurs de l'ignorance et de l'esclavage dont la France est menacée, pour faire triompher l'unité et l'indivisibilité de la République sans lesquelles il n'est pour les Français ni gloire ni bonheur, enfin décidé à périr pour sauver la liberté, — après s'être entouré des lumières de tous les corps administratifs et judiciaires de son ressort et d'un grand nombre de citoyens qui ont davantage mérité la confiance publique, — a pris le 7 de ce mois un arrêté également dicté par le désespoir de tous les habitants du Jura, l'enthousiasme de la liberté et le désir violent de la sauver ou de périr avec elle.

Cet arrêté, qui contient plusieurs articles, se réduit aux différents moyens de maintenir l'unité et l'indivisibilité de la République, de rendre à la Convention nationale sa liberté et son intégrité, d'assurer le respect dû aux personnes et aux propriétés et l'exécution de la loi : à cet effet, de mettre en activité une force armée tant en infanterie, cavalerie qu'artillerie, répartie dans chaque district, et, par ses moyens *(sic)* enfin, défendre la liberté et l'égalité contre tous les complots formés pour le renversement et la destruction de ces principes ; mais, comme toutes ces mesures ne peuvent avoir d'effet qu'autant qu'elles auraient été adoptées par une pluralité ..... [1] l'action des autres départements de la République, et qu'il importe essentiellement qu'elles soient prises de concert avec eux, le Département du Jura arrêta que, pour établir ce concert, (qui, bien loin de devoir être regardé comme un fédéralisme criminel, ne doit être aux yeux des amis de la République qu'un moyen d'écarter tout prétexte de fédéralisme ou de scission des départements) pour établir, dis-je, ce concert, le Département du Jura proposa d'établir une correspondance active et suivie par des points centraux convenus, afin

_____

1. Un mot illisible au procès-verbal.

d'éviter l'incohérence de mesures qui ne doivent avoir pour but que
de conserver l'unité et l'indivisibilité de la République. Il indique ces
points dans les départements de la Sarthe, de la Haute-Marne, du Lot
et de la Drôme, et dans le point central du Cher, ou par *(sic)* ceux de la
Gironde, les Bouches-du-Rhône, l'Ille-et-Vilaine à l'ouest, du Bas-Rhin
et de Rhône-et-Loire à l'est, c'est-à-dire Lyon, Marseille, Bordeaux,
Rennes et Strasbourg, à raison des grandes communications qui se
trouvent déjà établies entre ces différents lieux. Ces points centraux,
ayant communiqué avec tous les départements qui les environnent,
réuniraient *(sic)* en un seul point central, tel que Bourges, soit aux
suppléants de la Convention nationale élus par le peuple, soit à une
commission provisoire, toutes les mesures qu'ils jugeraient propres
à rétablir la liberté et l'intégrité de la représentation nationale, à
maintenir la souveraineté du peuple, l'unité et l'indivisibilité de la
République et les principes de la liberté et de l'égalité que tous
ont juré de défendre.

Telles sont, citoyens, les mesures à vous proposer et qui font l'objet de notre mission, mesures adoptées sans doute par un grand
nombre de départements ; mais s'il en est d'autres plus sages et plus
utiles à l'intérêt, aux droits du peuple ; si vos âmes renferment des
vues, des moyens plus efficaces et plus propres à maintenir sa souveraineté, veuillez, citoyens, nous les communiquer : il est encore
dans notre mission de vous en conjurer, au nom du salut public en
péril, et bientôt le Jura, ainsi que tous les autres départements de
la République, s'empresseront de les adopter, et de vous combler de
leurs bénédictions, puisque vous aurez été les libérateurs de la
patrie [1].

Plusieurs passages de ce courageux discours, écouté en silence
par les corps administratifs, avaient soulevé les protestations des
députés de la société populaire. Ces derniers coururent au club
où régnait la plus vive agitation et rendirent compte de ce qui
se passait au Département. La société décida qu'elle demanderait
l'arrestation des deux délégués.

Pendant ce temps, un membre du Comité de salut public avait
pris la parole pour répondre au discours de Gauthier : il exposa
dans quelles circonstances les commissaires du Jura et de Rhône-
et-Loire avaient été invités à se présenter devant les autorités de
Limoges ; il assura que la Convention jouissait de la plus entière
liberté, rappela qu'elle-même l'avait solennellement déclaré, et

1. Archives de la Haute-Vienne, L 3 et L 125.

protesta contre les paroles qu'on venait d'entendre. Les mesures indiquées lui semblaient de nature à porter le trouble et à allumer la guerre civile partout, loin de réparer les maux « imaginaires » auxquels on se flattait de remédier. Il termina en condamnant hautement l'attitude des Départements du Jura et de Rhône-et-Loire et en demandant que les autorités administratives missent fin à la propagande à laquelle se livraient les commissaires de ces Départements.

Au même instant, une députation du club fut introduite ; elle déclara qu'elle apportait le vœu du peuple : celui-ci réclamait l'arrestation de Gauthier et de Tardy et l'envoi, à la Convention, d'un courrier extraordinaire pour l'informer de ce qui se passait.

Cet incident ne mit pas fin à la discussion ; mais il contribua sans doute à en hâter la clôture. Le parti modéré, s'il ne pouvait faire prévaloir ses idées, avait encore assez d'influence au sein des corps constitués pour atténuer les violences des Jacobins. Après qu'un membre de l'assemblée eut donné lecture de la réponse des administrateurs de Seine-et-Oise à une ouverture de leurs collègues d'Ille-et-Vilaine semblable à celle qui venait d'être faite à la Haute-Vienne au nom du Jura, un autre résuma tout ce qui avait été dit : il rappela que les autorités départementales de Limoges avaient toujours conservé une attitude conforme à la légalité ; elles étaient si éloignées de douter de la liberté de la Convention qu'elles avaient fait publier et exécuter tous ses décrets. D'après l'orateur, les autorités de la Haute-Vienne devaient répondre aux propositions des députés du Jura et de Rhône-et-Loire en proclamant cette liberté qu'elles avaient toujours reconnue. Quant à l'arrestation des deux commissaires, elle était inutile, « le peuple connaissant partout ses droits et sachant les maintenir[1]. »

Ces conclusions avaient l'avantage de sauver les apparences en permettant à Tardy et à Gauthier d'échapper ; elles répondaient trop bien aux secrets sentiments de presque tous les fonctionnaires présents pour n'être pas adoptées ; elles furent vivement applaudies : l'entraînement était tel qu'on les vota à l'unanimité. Le procès-verbal de la séance fut adressé à l'Assemblée. Comment le comité de salut public, malgré les dénonciations dont les autorités de Limoges allaient sans aucun doute être l'objet de la part

1. Archives de la Haute-Vienne, L 3.

de la société populaire, pourrait-il incriminer les actes et suspecter les intentions d'administrateurs professant des maximes si pures et si empressés à rendre compte de leur conduite, en gens sûrs d'avoir fait leur devoir ?

Que d'inquiétudes, néanmoins, et quelles appréhensions se cachaient sous ces habiletés ! Dénoncés par leurs collègues de Tulle comme fédéralistes, accusés par le club de Limoges, les malheureux administrateurs se trouvaient réduits à solliciter les bons offices et le patronage de l'évêque, dont les opinions étaient pourtant si éloignées de celles de la plupart d'entre eux. Gay-Vernon se montra de composition facile et d'autant plus disposé à atténuer auprès du comité de salut public les torts des administrateurs de la Haute-Vienne, que son frère, le vicaire épiscopal, se trouvait un des plus compromis à cause de son voyage à Tulle. — Le mot d'ordre des Jacobins à l'égard du parti modéré pouvait en ce moment, nous l'avons dit, se résumer dans ce vers du poète :

Parcere subjectis et debellare superbos.

Seulement la clémence n'était ici qu'un expédient et il ne fallait pas que les Girondins s'y trompassent. C'était une trêve, non une paix, — un délai, non une amnistie. On s'efforçait d'isoler l'insurrection bordelaise et on accueillait sans y regarder de trop près, mais en se réservant d'y revenir plus tard à loisir, les témoignages de résipiscence et les protestations de dévouement qui arrivaient de toutes parts tant à l'Assemblée nationale qu'au comité de salut public et aux Jacobins.

J'ai vu avec peine, écrivait le 19 juin l'évêque aux administrateurs, votre dénonciation par le Département de la Corrèze. Elle n'aura aucune suite. Je suis bien sûr que votre intention était pure, quoiqu'elle fût contraire aux principes ; l'affaire de La Fayette était pour vous une leçon récente dont vous auriez dû profiter. Mais tous les hommes sont sujets à l'erreur, et je pense que vous n'y êtes plus. Ce n'était pas pour vous rendre compte que je vous écrivis, mais pour contredire les faits avancés dans la lettre de la députation et pour vous empêcher de faire quelque fausse démarche. Dans toutes mes actions, je ne vois que le bien de ma patrie, et jamais aucun sentiment personnel et étranger à la justice ne me guide. Je puis me tromper, aussi suis-je très-indulgent pour les autres ; mais vous me verrez toujours sur la ligne des grands principes et fidèle au désir de rendre mon pays libre et heureux.

On assure que la troupe que vous avez envoyée dans la Vienne se dissout et va revenir. Hélas ! suffit-il d'avoir obtenu un décret pour avoir bien mérité de la patrie ! On nous mande que la dilapidation est extrême. Redoublez de surveillance. Je vous annonce que bientôt les fripons seront démasqués. Nous comptons sur votre zèle et sur votre probité pour nous aider à les connaître. — La députation se porte bien : je m'en excepte, car depuis douze jours je ne vais à l'assemblée qu'avec la fièvre. Aujourd'hui je me porte mieux. La fièvre du patriotisme consume les autres[1].

Soulignac, Faye, Rivaud et Lacroix continuaient à correspondre avec les administrateurs au sujet des affaires qui pouvaient intéresser la Haute-Vienne. Dans une lettre du 16, relative à la demande de secours formée en faveur du département, ils écrivaient ces lignes :

Nous vous avons, par une lettre du 4 de ce mois, et une autre subséquente, fait le récit de tout ce qu'il importe à la France de connaître exactement.

Vos réponses ne nous sont pas parvenues. Cette lettre ira sans doute jusqu'à vous.

Que contient-elle qui puisse nuire aux projets de ceux qui ne laissent passer la vérité qu'avec les couleurs qu'ils veulent lui donner?..... Dussent-ils nous en accuser, nous vous dirons que la France n'a rien à redouter des esclaves ramassés sur ses frontières. Les victoires des armées républicaines en donnent l'assurance, etc.

Sauvons-nous des intrigants ; sauvons-nous des ennemis de la patrie, couverts ou non du masque du patriotisme. Serrons-nous autour des lois que nous aurons consenties ; soyons frères, soyons amis ; soyons unis : nous serons libres et heureux[2].

On le voit, tout en restant fidèles à leur première opinion sur les événements contre lesquels ils avaient si courageusement protesté, les députés de la Haute-Vienne, revenus de leurs illusions, reconnaissant la vanité de leurs espérances, se sentant abandonnés, se bornaient maintenant à faire étalage d'un patriotisme qu'ils ne pouvaient craindre de se voir reprocher par leurs ennemis. Ces protestations banales masquaient une retraite ; toutefois Soulignac et ses amis gardaient encore une assez énergique contenance. S'ils s'abstenaient d'adresser un nouvel appel à leurs

____

1 et 2. Archives de la Haute-Vienne, L 128.

commettants, sachant qu'ils n'en pouvaient rien attendre, ils ne cherchaient pas non plus à se soustraire à la responsabilité qu'ils avaient encourue et n'en étaient pas encore à expliquer, c'est-à-dire à excuser leur conduite.

Dès le 19, l'arrivée d'une nouvelle lettre des députés était signalée au club, et les démagogues, pensant que cette missive pouvait renfermer des protestations contre le triomphe des Jacobins, envoyaient au Département des délégués chargés d'en obtenir communication. Deux jours auparavant, la société avait voté une réponse énergique à l'adresse de la députation du 4 juin et décidé que celle-ci serait dénoncée au comité de salut public.

Cependant Tardy et Gauthier, rendus à la liberté, avaient repris leur route vers Bordeaux. Presque tout le département de la Gironde appartenait, à cette époque, à la contre-révolution. Le 19 juin, la commission populaire de salut public, qui avait déjà reçu de nombreuses adhésions — soixante départements, à ce qu'on assure, promirent leur concours, — s'occupait de régler les conditions dans lesquelles devaient s'assembler les délégués de toutes les parties de la République : Bourges était désigné pour la réunion de ce congrès national. Comme riposte aux mesures prises contre les départements insurgés, la commission déclarait, le 20, qu'elle ne reconnaîtrait aucun des décrets rendus à ce sujet ; elle publiait les instructions données par elle aux délégués qui seraient envoyés à Bourges pour représenter la Gironde. Les conventionnels Treilhard et Mathieu, arrivés à Bordeaux le 24, étaient gardés à vue et devaient bientôt quitter la ville et partir pour Périgueux, d'où ils adressaient, le 1er juillet, une proclamation aux Bordelais.

Un courrier extraordinaire, parti l'avant-veille de Bordeaux, arrivait le 22 à Limoges, porteur de dépêches du comité de correspondance de la commission populaire à l'adresse des administrateurs de la Haute-Vienne. Les chefs du soulèvement girondin notifiaient au Département les récentes mesures qu'ils avaient prises et l'invitaient à y adhérer. Les délégués de la France entière étaient convoqués à Bourges pour le 16 juillet et devraient s'y rendre avec une escorte de cent à deux cents hommes. Deux plis destinés aux administrations de la Corrèze et de la Creuse se trouvaient dans le paquet remis par le courrier à M. Durand de Richemont : les membres du directoire étaient invités à les faire parvenir sur-le-champ à leur adresse.

Les administrateurs présents au moment de l'arrivée du courrier ne voulurent pas assumer la responsabilité d'une décision quelconque. Ils convoquèrent pour le lendemain le directoire et le conseil général ; le District et la municipalité furent invités à assister à la délibération. En attendant, on retint les passeports du courrier.

Le lendemain, dimanche, à sept heures du matin, les corps constitués se réunirent. La réponse aux autorités de Bordeaux ne pouvait être que négative ; mais, encore une fois, le refus que tant de bouches prononçaient malgré la protestation intime des cœurs, fut singulièrement adouci. On en jugera par les lignes suivantes, adressées par le Département à la commission de salut public de Bordeaux :

Les circonstances ne nous permettent pas de faire rendre ces lettres — celles destinées aux départements de la Creuse et de la Corrèze — à leur adresse ; nous prenons le parti de vous les faire renvoyer par un courrier. Citoyens, nous gémissons sincèrement sur les dissensions intestines : tous les vœux sont pour les voir se terminer ; tous nos vœux sont pour vivre fraternellement avec tous les habitants de la République et aucuns sacrifices ne nous coûteront pour empêcher le sang de nos frères de couler. Comme vous, nous désirons le règne de la liberté et de l'égalité, une République une et indivisible, la sûreté des personnes et des propriétés. Voyez dans nos démarches et notre profession de foi l'expression des sentiments fraternels que vous vouent vos concitoyens [1].

On le voit, le ton de cette lettre n'est ni celui de l'indignation, ni celui de la haine. C'est l'accent de la faiblesse : nouvel et triste aveu de la défaite du parti modéré à Limoges ; douloureux témoignage de l'impuissance des administrateurs. Ils avaient cependant réussi à faire décider par les corps constitués que le courrier ne serait pas retenu et resterait libre de continuer sa route. Il faut ajouter que les plis à l'adresse de la Creuse et de la Corrèze furent renvoyés à Bordeaux par un courrier extraordinaire, avec la lettre dont nous avons reproduit plus haut le passage saillant.

Le jour même où cette réponse était écrite, un des membres du Directoire, le vicaire épiscopal Gay-Vernon, rendait compte à la Société des *Amis de la liberté* de la résolution prise dans la

____

1. Archives de la Haute-Vienne, L 327 et L 3.

matinée par les corps administratifs. Le club accueillit avec froideur cette communication et, pour protester contre la mollesse des autorités de Limoges, décida l'envoi d'une adresse de félicitations aux administrateurs du Cher, qui avaient refusé d'entendre les propositions des commissaires girondins. — Les colères contre le Département grandissaient. La veille, à la tribune du club, un membre avait sommé le directoire et le conseil général de se déclarer ouvertement pour la Montagne ou pour le côté droit, ajoutant qu'il ne reconnaissait plus leur autorité s'ils tenaient encore pour le parti modéré. Il avait demandé que la société prît une délibération formelle dans ce sens. La motion ne fut pas votée ; mais l'accueil qu'elle reçut présageait le succès que, présentée une seconde fois, elle ne pouvait manquer d'obtenir.

Devant les menaces dont il était l'objet, le Département se décida à donner des gages aux Jacobins. A la séance du 24, le président du directoire fit lire l'arrêté pris le 7 juin par le District de Saint-Yrieix, et sur lequel, s'il faut en croire le procès-verbal, « il n'avait pas été possible de délibérer, attendu le très-petit nombre des membres présents. » On déclara improuver formellement les principes émis dans cet arrêté, mais on reconnut en même temps que les corps administratifs de Saint-Yrieix n'avaient pas donné suite à cet acte « d'erreur et d'égarement » et on passa à l'ordre du jour. — Autrement énergique avait été le blâme de la société populaire de Limoges, qui, non contente de dénoncer à Paris l'arrêté du District de Saint-Yrieix, avait déclaré rompre tous les liens qui unissaient à elle le club de cette ville et exclure celui-ci de l'affiliation.

Si atténué qu'eût été le refus de concours du Département de la Haute-Vienne, il n'en avait pas moins produit à Bordeaux une pénible impression. Les rapports très-anciens et très-étroits qui existaient à cette époque entre les deux villes donnaient à cette défection une importance toute particulière. De plus, Limoges avait été désigné comme la principale étape et le point de ralliement de la force armée que Bordeaux et les départements voisins devaient diriger sur Bourges, tandis qu'une seconde colonne marcherait sur Toulouse ; il y avait donc là un grave mécompte. La commission populaire, connaissant les sentiments personnels qui animaient les administrateurs de la Haute-Vienne, et trouvant l'indice de ces dispositions dans les termes mêmes de leur lettre du 23, dans le renvoi des dépêches destinées à la Creuse et

à la Corrèze, enfin dans la mise en liberté du courrier, pensa
qu'à défaut d'un concours actif, elle pouvait au moins compter
sur une bienveillante neutralité de la part, non-seulement des
administrateurs du département, mais aussi des populations. Dans
cette pensée, elle écrivait, le 26, une nouvelle lettre à M. Durand :

> Frère et ami,
>
> Vous avez pu voir par les dépêches qui vous sont parvenues avec
> les paquets destinés pour la Creuse et la Corrèze et que nous avions
> confiés à votre loyauté, que les citoyens de la Gironde se sont pro-
> posé de délivrer la représentation nationale du joug des brigands
> qui la maîtrisent.
>
> Leurs forces réunies à celles de plusieurs autres départements pas-
> seront bientôt à Limoges. Le serment solennel que nous avons fait
> de combattre les tyrans, les traîtres et les anarchistes, de maintenir
> la République une et indivisible, a pu vous annoncer combien nous
> nous empresserons de serrer dans nos bras tous nos frères de Li-
> moges et de cimenter les liens qui nous ont toujours unis. Ce sont
> de si beaux nœuds ! Vous savez que jamais nos pères les Gaulois
> n'auraient subi le joug de Rome s'ils n'avaient été divisés en
> petites républiques fédératives. Soyez sûrs que nous ne voulons pas
> — et nous espérons que vous ne voudrez pas non plus — donner cet
> avantage à ceux qui voudraient faire de Paris une nouvelle Rome.
> Nous marchons pour nous unir à vous par tout ce qu'ont de plus
> sacré l'amour de la patrie, la tendre humanité, la gloire du nom
> français et la prospérité de la République.
>
> Union et fraternité.
>
> P. R. CHAPERON. — DURANTHOU. — FRINGUES [1].

Nous n'avons pas trouvé la réponse du président du Département à cette lettre. Il est probable que celle-ci n'en reçut pas et
nous dirons plus loin à quelle démarche elle donna lieu de la part
des administrateurs.

Le retard que mettait le Département à accorder son adhésion
au manifeste des *Amis de la liberté* aux sociétés affiliées, exas-
pérait les meneurs du club. Si découragés qu'ils fussent, si isolés,
si faibles qu'ils se sentissent, les administrateurs n'avaient pu
encore se résigner à apposer leurs noms au bas de cette apologie
enthousiaste de l'insurrection parisienne, de cette dure et outra-
geante condamnation du parti auquel la plupart d'entre eux

____

1. Archives de la Haute-Vienne, L 123.

demeuraient attachés au fond du cœur. Effrayés des conséquences de cette résistance pourtant si timide et se voyant accusés en pleine séance à la Convention au sujet de leur arrêté du 5, ils recoururent encore à Gay-Vernon.

Nos intentions vous sont connues, écrivaient-ils à l'évêque le 22 ; vous savez combien nous sommes éloignés du fédéralisme : notre profession de foi n'est pas douteuse pour vous. Pourquoi, sans nous entendre, sur l'assertion d'un individu, la Convention nous juge-t-elle aussi défavorablement ? Mais il n'est rien qui puisse nous faire dévier des principes, et notre conduite démontrera à nos représentants induits en erreur sur notre compte, que nous voulons la liberté et l'égalité, la République une et indivisible, ... que nous ne connaissons de point de réunion que la Convention nationale..... Si nos sentiments pouvaient encore être calomniés et méconnus, veuillez faire usage de l'expédition de l'arrêté du 17 de ce mois (l'arrêté relatif aux commissaires du Jura et de Rhône-et-Loire) que nous joignons ici. Il fermera sans doute la bouche à nos ennemis. Nous espérons que vous voudrez bien le faire connaître à la Convention et que vous empêcherez qu'il ne soit enfoui sous la poudre de quelque comité... Nous vous remercions des nouvelles que vous voulez bien nous donner de la députation. Nous vous prions de lui présenter nos salutations fraternelles. Nous vous désirons un prompt rétablissement et une parfaite santé, etc. [1].

Bien que les administrateurs de la Haute-Vienne n'eussent pas reculé, dans quelques passages de cette lettre, devant l'emploi de la phraséologie déclamatoire des clubs pour attester la pureté de leur civisme, l'évêque n'était pas la dupe de leurs protestations, et il tenait à le leur faire sentir. Aussi bien, l'horizon s'était éclairci et une partie des dangers qui avaient menacé la Montagne triomphante s'étaient évanouis en quelques jours. Les circonstances n'exigeaient plus autant de ménagements. Gay-Vernon, à une promesse d'intervention en faveur des administrateurs de la Haute-Vienne, mêle de sévères leçons et de dures paroles. Il faut citer en entier cette remarquable lettre du 28 juin, qui perce à jour la pitoyable justification du Département :

Citoyens,

Je remettrai le procès-verbal de vos séances à l'Assemblée. Il ne peut y être lu en entier, à cause de l'immensité des adresses et affaires

1. Archives de la Haute-Vienne, L 327.

importantes qui arrivent journellement. — Si vous aviez pris des mesures fermes, si votre conduite avait été dirigée par les grands principes de la liberté et de la souveraineté, vous ne désireriez pas de paraître voués à la chose publique : vous auriez bien mérité de la patrie, et qu'importe le reste! Vous croyez avoir rempli vos devoirs? Eh! bien, vous les avez violés. Vous avez envoyé un député dans le département de la Corrèze : le peuple vous avait-il chargé de cette mission? Est-ce aux administrateurs à se coaliser pour prendre de prétendues mesures de sûreté générale? Leur objet ne se borne-t-il pas aux pouvoirs que la loi leur délègue, et la loi leur a-t-elle permis de s'ingérer dans l'exercice même de la souveraineté? Toute ligue n'emporte-t-elle pas l'idée d'une usurpation de pouvoir et conséquemment d'un attentat contre la nation? Vous ne vous en êtes pas tenus là : des députés du Rhône-et-Loire et du Jura sont arrêtés et dénoncés par les Amis de la Liberté; ils sont porteurs d'instructions perfides et désorganisatrices, de complots liberticides, et vous les relâchez! Fi donc de cette conduite! J'aime mieux des hommes tout à fait décidés. J'aimerais mieux que vous eussiez pris un parti opposé que de prendre celui de la faiblesse. Il n'y a plus à composer. Il ne faut pas se servir de généralités : il faut dire ce qu'on est, et l'exprimer hardiment. Vous croyez que la Convention est libre, qu'elle s'occupe fructueusement, que la division perdrait la République? Eh! bien, agissez en conséquence et opposez-vous à tout ce qui provoque la désunion du corps politique. — Vous ne voulez pas faire le mal ; mais vous n'empêchez pas qu'on le fasse. Les hommes appréciateurs ne mettent presqu'aucune différence entre ces deux procédés. — La ville de Bordeaux, c'est-à-dire son administration, vous envoie des adresses perfides et anarchistes : vous ne les censurez pas et vous les lui faites remettre par un courrier extraordinaire. Avez-vous le droit de puiser ainsi dans le trésor du peuple? Ne semble-t-il pas que de toute part il y a une conspiration contre la fortune publique? Je ne sais comment vous pourrez concilier ces dépenses avec les sentiments de justice qui vous animent; mais je sens que si je votais pour de pareils arrêtés, je me croirais obligé de rétablir dans la caisse des fonds qui ne sont destinés qu'aux besoins de la République. — Ce langage ne vous paraîtra pas étrange, parce que votre conscience vous le tient. Si la République pouvait périr, ce seraient les administrations perverses ou faibles qui l'auraient perdue.

Citoyens, ne vous confondez pas avec le peuple, et quand il a remis ses intérêts dans les mains d'une autorité souveraine, faites-vous un devoir sacré de ne reconnaître qu'elle, ou déclarez-vous les artisans de la tyrannie. Il suffit d'avoir une légère notion des droits éternels des nations pour sentir la justesse de tout ce que je vous dis. La réputation de quelques personnes vous subjugue. Hé! laissez les personnes, et ne soyez subjugués que par l'amour de la chose publique. Si je vous parle en homme libre, c'est qu'il n'y a pas de puissance humaine qui puisse m'empêcher de faire ce que je crois utile à ma patrie. Votre indécision soutenue est indigne de vous, et vous devez vous hâter de la réparer par des actions aussi vigoureuses que celles que vous avez faites ont été pusillanimes. Je sais que parmi vous il est des hommes à caractère; mais ces hommes ont oublié que, lorsqu'il faut retenir la patrie sur le bord du précipice, si les mains des administrateurs ne[1] préviennent pas la chute, il faut se hâter d'appeler la main robuste du peuple. Si la société populaire et le peuple eussent arrêté les députés, ils auraient bien fait, et la patrie leur en saurait gré. Il n'y a pas là d'anarchie; car l'anarchie n'est que dans les mesures que les administrations ont prises ou souffertes pour nous jeter dans le chaos. Il faut que l'aveuglement soit bien grand, l'esprit de domination bien impérieux, et l'amour, le saint amour de la patrie bien éteint pour solliciter de toutes parts la dissolution du principe d'unité, pour armer les Français contre eux-mêmes dans un moment où toutes les puissances de l'Europe les attaquent. Ces crimes surpasseraient toute vraisemblance si l'expérience de tous les jours ne nous en rendait témoins. Citoyens, achevons l'ouvrage que nous avons commencé, et que la nature des choses achèverait malgré nous. Nos oppositions ne feraient qu'accroître nos maux; mais la Révolution ne s'en achèverait pas moins. La pierre fondamentale est jetée. Le peuple va la cimenter, et bientôt tout l'édifice paraîtra. Les petits intérêts personnels se trouvent froissés; mais il faut que tout cède à l'intérêt de tous. Trop longtemps on s'est occupé de soi : le temps est venu où il est nécessaire de ne penser qu'à l'intérêt général. — Je parle toujours à mes concitoyens le langage de la vérité. Ce serait les trahir que les flatter. Je suis avec fraternité

        Votre concitoyen,

                Gay Vernon, député.

Paris, ce 28[2] juin 1793, l'an II de la République française.

Aujourd'hui la Constitution vous est envoyée par des courriers extraordinaires, avec tous les décrets rendus hier. Cette réponse des amis de la liberté à leurs détracteurs était la seule digne de nous. Nous laissons à présent le soin au peuple français de nous apprécier

---

1. *Suffit pas pour*, biffés.
2. La lettre était d'abord datée du 27.

et de nous juger. Il a toutes les pièces. Qu'il les compare et voie où sont les désorganisateurs et les anarchistes [1].

La défaite du parti modéré avait laissé le champ libre aux terroristes. S'ils avaient semblé un instant oublier les Girondins, leurs adversaires de la veille, ils s'étaient empressés de prendre à l'égard des monarchistes, des parents d'émigrés et des prêtres, les mesures les plus rigoureuses. A Limoges les suspects, arrêtés une première fois au mois de mars, puis relâchés, pour la plupart du moins, furent de nouveau l'objet de vexations et de poursuites. La municipalité, dans sa séance du 10 juin, dressa, en exécution du décret du 2 et d'une circulaire du comité de salut public, une nouvelle liste de citoyens réputés dangereux. Douze d'entre eux furent immédiatement incarcérés; des mesures de surveillance étroite furent prises à l'égard d'un pareil nombre. Pour les autres, on s'en remit à la vigilance jalouse du public, dès lors le plus actif et le plus redoutable agent de la police révolutionnaire.

Ce n'était pas tout d'épouvanter l'ennemi et de réduire au silence les dissidents : il fallait encore prouver au peuple entier que les modérés seuls avaient entravé pendant six mois la tâche d'organisation dévolue à l'Assemblée nationale; que la mission de celle-ci, rendue impossible avec eux, devenait sans eux facile. Les départements, affamés de calme, de sécurité, attendaient la constitution comme le couronnement et la fin de la période révolutionnaire, le terme des incertitudes, des tiraillements, des luttes, des secousses terribles dont chacun ressentait plus ou moins directement le contre-coup. La constitution ! c'était le réveil de la prospérité publique; c'était l'avénement de la fraternité; c'était la réalisation de toutes les promesses, de tous les rêves, de toutes les aspirations généreuses de 1789 ; c'était le signal de la paix, l'oubli de tous les maux, le point de départ d'un gouvernement stable, régulier et fort. Donner tout de suite cette constitution républicaine que la France appelait depuis si longtemps de ses vœux, c'était porter le dernier coup à la Gironde en prouvant qu'elle seule avait été un obstacle au « bonheur du peuple, » comme on disait alors. La Montagne comprit de quel prestige, de quelle autorité morale elle pouvait rehausser sa force, en exploitant habilement la situation. En quelques séances, les

1. Archives de la Haute-Vienne, L 128.

points principaux du pacte social et politique furent établis. Le
23 juin, le projet était adopté par l'Assemblée. Ce vote rapide
fit plus peut-être pour la ruine des espérances girondines que
toutes les mesures de répression et de terreur arrêtées par le
comité de salut public. Le député Baudin (des Ardennes) avait
raison de dire à Barrère : « Avec cette torpille, vous endormirez
les départements. »

L'enthousiasme fut si général qu'une détente se produisit partout. Elle fut très-sensible dans la Haute-Vienne. Jacobins et
modérés semblèrent oublier un moment leurs griefs ; même vis-à-
vis des royalistes et des prêtres réfractaires, on manifesta quelques
velléités de clémence. Les mesures de rigueur adoptées à l'égard
des suspects s'adoucirent ; on vit non-seulement les autorités
prendre l'initiative de certaines dérogations aux décrets et aux
règlements locaux ; mais les sections de Limoges et la société populaire elle-même proposer le retrait de l'arrêté qui prescrivait
l'ouverture de toutes les lettres à la poste, et de celui qui ordonnait à tous les nobles, prêtres, religieux, religieuses, parents
d'émigrés, de résider au chef-lieu du district. Par malheur, cette
trêve ne devait durer qu'un instant. L'assassinat de Marat vint
réveiller toutes les haines, raviver toutes les colères et fournir
un prétexte pour hâter le procès des députés proscrits que le
comité de salut public feignait d'oublier. La lettre de Gay-Vernon annonçant à la société populaire de Limoges la mort de
l'*Ami du peuple* a été imprimée[1] ; quelques passages méritent
d'être reproduits :

> Frères et amis,
>
> Nous ne sommes plus maratistes, car il n'y a plus de Marat. Il a
> été hier assassiné dans le bain par une femme. Cette furie a demandé
> à lui parler d'affaires intéressantes et pressantes ; il l'a fait intro-
> duire ; elle a sorti un poignard et l'a frappé mortellement. Il a expiré
> sur le coup. — Il n'est pas de moyens que l'aristocratie n'emploie ac-
> tuellement pour jeter le désespoir dans le peuple, pour l'agiter et lui
> donner des convulsions. Frères et amis, les ennemis des rois, les
> amis de la République tombent sous le fer des assassins, et ceux qui
> perdent l'état, qui le plongent dans l'anarchie et la discorde, qui nous
> ont tant calomniés, qui ne voient qu'en nous des hommes de sang,
> heureusement n'ont pas encore reçu la plus légère atteinte. Les

---

1. Bibliothèque de Limoges, recueil factice Hh², 1137 *bis*, n° 59.

patriotes sont doux et humains ; mais les aristocrates, conduits par
la passion, ne respirent que le sang et la vengeance. La mort de
Marat, celle de Pelletier, ouvriront peut-être les yeux aux départements aveuglés et leur feront connaître ceux qui sont exposés à la
mort et qui s'y dévouent pour la cause publique. Vous savez que je
n'ai pas été partisan des opinions de Marat. Je le trouvais exagéré et
souvent hors de la prudence. Cependant il nous a dit de grandes
vérités et je désire que tout ce qu'il a prédit ne s'accomplisse pas.
..... Vous voyez que ceux qui tant de fois se sont plaints d'être sous
le couteau jouissent de la plus grande sécurité et que ceux qu'on a
peints comme des meurtriers tombent sous les coups de l'aristocratie. — Le peuple est sage ; il aimait Marat, parce que ses dénonciations se sont malheureusement vérifiées ; mais il est tranquille et
attendra que le glaive de la loi frappe la s' 'lérate..... Il n'est pas de
sottises, de platitudes, d'injustices qu'on n'écrive contre nous ; mais
nous avons la raison et le peuple : il sait bien que les maux de la
société proviennent de nos ennemis, et qu'il serait heureux si nos
vœux étaient exaucés.

VIII.

La résistance des administrateurs de la Haute-Vienne au mouvement jacobin semble cesser avant le commencement de juillet.
Peut-être la lettre écrite au Département le 28 par Gay-Vernon
acheva-t-elle de vaincre les derniers scrupules de ce petit groupe
d'hommes, honnêtes et faibles, qui, depuis plus d'un mois, se
débattaient contre la plus douloureuse situation. Toute pensée de
manifestation en faveur des proscrits avait été abandonnée. Les
membres des corps constitués, dont le plus grand nombre s'étaient
ralliés autour de M. Durand et de ses collègues dans plusieurs
circonstances rappelées plus haut, se convertissaient peu à peu
aux principes de la Montagne. Un à un ils rentraient en grâce
auprès de la Société des *Amis de la liberté*, qui consentait, en
faisant elle aussi ses réserves, à leur rouvrir son giron. Le club
n'avait de sérieux grief et de ressentiment que contre l'administration départementale. Celle-ci pourtant avait fait déjà bien des
concessions. Résignée et soumise, elle était restée étrangère à
toutes les démarches tentées en faveur du parti vaincu ; elle avait
abandonné ses députés dont la parole réfléchissait cependant son
intime pensée ; elle venait d'improuver, après avoir résisté dix-
sept jours, l'arrêté du district de Saint-Yrieix ; à une communi-

cation des représentants Treilhard et Mathieu, en mission dans la Gironde, la Dordogne et le Lot-et-Garonne, communication relative à la force armée dont on annonçait le départ prochain de Bordeaux et qui devait marcher sur Limoges, les administrateurs répondaient par des serments de dévouement à la République, de haine au fédéralisme. Ils se décidaient à dénoncer au président de la Convention la lettre adressée le 26 juin par la commission populaire de Bordeaux à M. Durand, et que celui-ci n'avait pas cru devoir cacher à ses collègues. Ce n'était pas assez. De la tribune de la Société tombaient des accusations de plus en plus fréquentes contre le Département ; une vive effervescence régnait dans le peuple, et ces excitations pouvaient provoquer des scènes regrettables. Les Jacobins exigeaient, comme gage d'obéissance et de repentir, une adhésion explicite des administrateurs à leur adresse du 14. Ceux-ci ne crurent pas pouvoir la refuser plus longtemps. Ils consentirent à approuver le virulent manifeste dont nous avons donné plus haut quelques passages, et annoncèrent qu'ils allaient eux-mêmes publier une adresse pour faire cesser tous les bruits injurieux répandus sur leur attitude et leurs sentiments. Ils réunirent en conséquence, le 3 juillet, les membres du District, la municipalité, l'accusateur public près le tribunal criminel et les délégués des *Amis de la liberté* pour leur soumettre le texte de la proclamation par laquelle ils cherchaient à se justifier et à écarter d'eux toute accusation de fédéralisme. Le projet, qui reçut l'approbation de l'assemblée tout entière le 4, fut aussitôt imprimé et affiché. Cette apologie contient, en somme, plus de phrases que d'arguments :

Fidèles au serment que nous avons prêté, de maintenir l'unité de la République, nous avons constamment obéi aux lois qui émanent de la Convention et nous les avons fait exécuter de tout notre pouvoir.

Cette conduite vous prouve que nous sommes républicains, que nous voulons l'unité et l'indivisibilité de la République, etc...

S'il pouvait rester des doutes sur la pureté de nos intentions, nous déclarons franchement que nous préférons la mort à l'esclavage, que nous abhorrons les tyrans, les factieux et les anarchistes.

Nous pensons qu'il faut un point central d'autorité qui fasse jouer tous les rouages de l'administration : car si on méconnaissait ce centre, il n'y aurait plus d'unité..... La Convention est la véritable représentation nationale. C'est dans le sein de la Convention qu'est planté l'arbre de la liberté. Rallions-nous autour de cet arbre précieux, profitons tous de son ombre salutaire et bienfaisante : regardons comme les ennemis de la liberté et de l'égalité quiconque proposerait une scission...

L'éloge de la Constitution terminait ce morceau de banale rhétorique [1].

Quelques jours plus tard, le 7, Rivaud, Soulignac, Faye et Lacroix terminaient par ces lignes une lettre collective qu'ils écrivaient au Département :

Nous ne cesserons de le sentir et de le répéter : tout à la chose publique, nos concitoyens jugeront par nos œuvres, qui, de nous ou des autres, ont fait l'abnégation la plus absolue d'eux-mêmes pour le bien général, unique vœu des bons citoyens. Leur désintéressement particulier est toujours la première preuve de la pureté de leur civisme...

Lesterpt est encore absent par commission.

Si les réponses que vous nous devez ont été faites et ne nous sont pas parvenues, nous ne devons vous adresser aucuns reproches, qui, dans le cas contraire, nous paraîtraient bien mérités [2].

Les membres du directoire départemental, ne pouvant se résoudre à faire l'aveu de leur faiblesse, se justifiaient assez mal :

Nous avons répondu exactement à vos lettres, écrivaient-ils aux députés. Si nous ne nous sommes pas expliqués sur plusieurs événements, c'est que nous nous sommes reconnus incompétents pour exprimer le vœu du peuple, qui seul peut décider dans une cause aussi majeure. Nous avons (*sic*) resté constamment les amis et les soutiens de l'égalité, de la liberté, de la République [3].....

A Lesterpt, qui, dénoncé à la Convention pour sa participation à l'adresse collective du 4 juin, et rappelé à Paris, s'était adressé à eux pour avoir une copie de cette pièce, tout en protestant de son éloignement de toute pensée de fédéralisme, les administrateurs répondaient, le 8 :

Comme vous le dites, nous avons été jugés bien défavorablement, et nos intentions et les vôtres ont été bien perverties : jamais nous n'avons songé au fédéralisme et nous n'avons pas un instant cessé

1. Archives de la Haute-Vienne, L 3.
2. Archives de la Haute-Vienne, L 128.
3. Archives de la Haute-Vienne, L 327.

de regarder la Convention nationale comme le centre et le point de
réunion autour desquels devaient se ranger tous les bons Français.
Nous espérons que la Constitution ramènera bientôt ceux de nos
frères qui avaient été égarés à l'opinion qui seule peut sauver la
France. La République, attaquée au dehors, troublée dans l'intérieur, ne peut trouver son salut que dans la prompte acceptation de
cette Constitution. La masse des bons républicains ne tardera pas à
avoir une influence salutaire, et en ramenant le calme dans l'intérieur, pourra nous acquérir la paix avec les étrangers. Voilà le plus
ardent de nos vœux : des lois et la paix [1] !

La misère continuait à être grande dans la Haute-Vienne ; le
prix du pain restait très-élevé et le nombre des personnes que les
communes étaient obligées de secourir, loin de diminuer, crois-
sait chaque jour. Alors que la plupart des départements voisins
n'avaient pu se décider encore à exécuter la loi du *maximum*,
la Haute-Vienne avait déjà mis en vigueur cet absurde régime,
et il en résultait pour elle ce qui devait nécessairement résulter
pour la France entière de l'application d'une semblable mesure :
ses marchés étaient désertés pour ceux des régions limitrophes.
La situation s'aggrava, et le peuple manifesta de telles inquiétudes que les autorités durent se décider à suspendre l'effet des
arrêtés pris en conformité de la loi. Mais le remède était bien
insuffisant. Toutes les ressources étaient à bout. Les souscriptions
volontaires, sans cesse renouvelées depuis cinq ans, ne produisaient plus presque rien ; la charité privée ne pouvait agir que
dans des limites très-restreintes, et la bienfaisance publique avait
de telles exigences que chacun était obligé de diminuer ses propres
libéralités pour se trouver en mesure d'alimenter la caisse du
comité des subsistances. Les revenus des plus riches diminuaient
au reste tous les jours et l'incertitude de l'avenir ajoutait aux
angoisses du présent. Le Département et la ville avaient demandé
à l'État un secours que celui-ci avait d'abord fait espérer, mais
qu'on attendait en vain depuis plusieurs semaines. Les administrateurs de la Haute-Vienne étaient notés comme incertains, et
cela suffisait pour que le gouvernement, fidèle à la tactique que
nous signalions plus haut, demeurât sourd à leurs supplications.
L'activité qu'ils avaient déployée pour lever les troupes destinées
à réprimer l'insurrection vendéenne, leur refus de prendre part

1. Archives de la Haute-Vienne, L 327.

au mouvement de Bordeaux, leurs protestations de dévouement à
la République, à son unité, à son indivisibilité, leur obéissance
aux décrets de l'Assemblée nationale, n'étaient pas des gages
suffisants. Les Jacobins ne se contentaient plus de phrases banales :
pour donner du pain au département de la Haute-Vienne, on
exigeait que les autorités fissent humblement amende honorable
et reniassent le parti modéré. Gay-Vernon se chargea de le signi-
fier aux administrateurs :

Je suis allé chez le ministre, leur écrivait-il le 19 juillet, pour
presser l'envoi des fonds dus à l'hôpital. Ma surprise a été grande,
lorsque j'ai vu notre département sur la liste de ceux à qui on
n'envoie pas de fonds. Je ne puis connaître la cause de cette insertion :
si je l'avais soupçonnée, je suis bien sûr que je l'aurais empêchée.
— Vous avez été faibles, et très-faibles. Vous n'avez pas adopté les
mesures des administrateurs de Rhône-et-Loire et de Bordeaux ;
mais vous ne vous y êtes pas opposés comme vous deviez. Vous êtes
sortis de la ligne des principes, et vos arrétés ne sont pas tous dictés
par la pure raison. Le District de Saint-Yrieix s'est conduit horrible-
ment et vous ne l'avez pas réprimé. Citoyens, tout ceci ne vous
constitue pas en rébellion, mais ne vous montre pas dévoués à la
chose publique, et le peuple ne vous avait établis ses agents que
pour être fidèles à sa cause et subordonnés à la première autorité
qu'il a constituée. Vous êtes trop attachés aux intérêts de vos administrés et trop jaloux de passer pour de bons citoyens, pour ne pas
tout de suite prendre des moyens afin que cette suspension soit levée.
Le peuple en souffrirait et ce serait votre faute. Je suis bien aise que
les fonds des incendiés soient remis ; car, dans ce moment, ils ne
pourraient l'être.
Citoyens, vous devez vous adresser incontinent à la Convention,
désavouer toute expression qui, dans vos arrêtés, pourrait donner à
la malveillance un prétexte pour calomnier vos intentions, protester
de votre attachement à la cause de la liberté et approuver toutes les
mesures qu'a prises la Convention pour le salut de la patrie. Vous
finirez par demander que vous soyez rayés de la liste des départements suspects, et que les fonds retenus soient envoyés. Croyez que
cette circonstance m'afflige. Si mes collègues avaient suivi mon sentiment, ils n'auraient pas à se reprocher cette mortification. Il est
bien douloureux qu'au lieu de ne voir que la chose publique, ils ne
cherchent qu'à nous diviser. Je n'ai jamais parlé d'eux en mauvaise
part. Je crois leurs intentions bonnes ; mais leur devoir est de prévenir toute scission. Leur injustice à mon égard ne m'affecte nulle-

ment. L'homme qui ne s'occupe jamais des personnes est tranquille et les passions n'ont aucune prise sur lui.

Il y a un administrateur de Saint-Yrieix qui a été ici arrêté par ordre du comité de sûreté générale.

Citoyens, soyons unis et amis. On ne peut être heureux dans la discorde. La loi est le point de ralliement. Ne nous en écartons jamais, et sur toute chose n'oublions pas que ceux qui usurpent l'autorité du souverain, c'est-à-dire du peuple, sont des tyrans qui méritent d'éprouver toute la vengeance des lois [1].

C'était une humiliation de plus qu'on imposait aux membres du Département. Mais celle-ci dut leur coûter moins peut-être que celle qu'ils avaient subie le jour où ils avaient consenti à écrire leurs noms au bas du manifeste de la société populaire. Ils adressèrent sur-le-champ la lettre suivante au ministre de l'intérieur :

Citoyen,

Nous vous faisons passer copie certifiée de la lettre que nous a écrite le citoyen évêque et député de ce département, le 19 de ce mois. Nous savons que nous sommes exposés à l'envie et à la malveillance ; mais nous n'aurions jamais cru que nos ennemis eussent obtenu le succès de nous faire regarder par vous comme suspects. Nous ne pouvons pas non plus ajouter foi à ce qu'on nous dit, que cette suspicion vous empêche de nous envoyer des fonds pour l'hôpital de Limoges et pour donner les secours accordés par la loi aux familles de nos concitoyens qui se sont voués à la défense de la patrie. Nous sommes trop convaincus de votre impartialité et de votre justice, et nous rejetons loin de nous une pareille idée, qui serait le comble de la barbarie. Si nous sommes coupables, qu'on nous juge et qu'on nous punisse ; mais que des infortunés innocents ne demeurent pas plus longtemps dénués de toute ressource et de tout secours.

Nous sommes restés constamment unis à la Convention nationale ; nous avons donné l'exemple de la soumission aux décrets ; nous avons abhorré et abhorrons encore le fédéralisme, et nous désavouons toute démarche qui aurait pu être interprétée dans un sens différent...

Voilà, citoyen ministre, les hommes que l'on vous assure, que vous regardez comme suspects. Voilà les républicains dont on veut se venger, sans doute par animosité particulière, en armant contre

1. Archives de la Haute-Vienne, L 128.

eux leurs concitoyens. Si l'on était parvenu à nous faire perdre la
confiance de nos administrés, nous n'occuperions pas les places où
leurs vœux nous ont appelés et nous prouverions encore à nos détracteurs les plus acharnés, par notre respect pour les lois, par notre
soumission aux autorités constituées, par notre entier dévouement à
la chose publique, que nous n'avons pas cessé d'être dignes d'entrer
dans l'administration.

D'après cet exposé, nous pensons, citoyen ministre, qu'il ne res-
tera plus d'impression défavorable contre nous, à supposer qu'il en
ait existé. Nous espérons au moins que les pauvres de l'hôpital et les
familles des volontaires ne souffriront pas davantage des calomnies dirigées contre nous ou des fautes qui nous seraient personnelles [1]...

Copie de cette lettre et de celle de l'évêque du 19 fut adressée
au président de la Convention.

Cependant d'autres inquiétudes venaient assaillir les autorités
de la Haute-Vienne. Le bruit de la mise en mouvement de la
petite armée girondine s'était répandu dans toute la région et de
jour en jour semblait prendre une plus sérieuse consistance. Les
Jacobins de Limoges manifestaient à ce sujet de vives appréhensions qui ne furent peut-être pas étrangères à la longanimité
dont ils usèrent vis-à-vis des administrateurs du Département. Ils
avaient là, en cas de péril, des intercesseurs tout désignés, qu'il
était bon de ménager.

La nouvelle de l'approche des troupes insurrectionnelles hâta
l'arrivée à Limoges du représentant Philippeaux, envoyé en mission dans l'Ouest. Le commissaire de la Convention se flattait de
triompher, par son éloquence, des griefs des Bordelais, de les
reconquérir à la cause révolutionnaire et de les précipiter sur la
Vendée, pleins d'une ardeur de néophytes, brûlant de laver leur
crime contre la République dans le sang des royalistes. Il n'eut
ni la peine ni la gloire d'une pareille conversion : la commission
populaire de salut public de la Gironde, en proie à mille embarras
intérieurs, n'était pas près d'envoyer des troupes contre Paris.
Philippeaux, édifié sur la situation, ne resta que deux jours à
Limoges et se borna à demander aux autorités et aux populations
de la Haute-Vienne de nouveaux sacrifices pour concourir à la
répression du soulèvement vendéen. Il raconte que l'accueil des

1. Archives de la Haute-Vienne, L 327

administrateurs eut « trop de froideur et de dignité[1] ; » l'allocu-
tion qu'il adressa aux corps constitués, réunis extraordinairement, ne produisit pas grand effet ; le maire, se levant, déclara
que l'épuisement du pays ne permettait plus de faire appel à son
patriotisme. Le représentant répliqua avec une telle énergie que
les autorités furent électrisées et votèrent d'enthousiasme les
mesures sollicitées. Dans le discours de Philippeaux, les Girondins
n'avaient pas été épargnés : aucune voix ne s'éleva pour les
défendre[1].

Le 23 juillet, une lettre des commissaires de la Convention
auprès de l'armée des Pyrénées-Orientales prévint de nouveau le
Département que l'armée bordelaise allait s'ébranler et se diriger
vers Limoges, d'où elle marcherait sur Lyon ou sur Paris. Cette
lettre fut le signal d'une véritable panique : les corps constitués
furent convoqués, et réunis à une nombreuse députation de la
société populaire, ils arrêtèrent qu'une adresse serait envoyée
aux Bordelais pour les détourner de leur dessein. Les termes
presque affectueux de cette adresse, à laquelle avaient pourtant
donné leur adhésion les Amis de la liberté, prouvent quel effroi
jetait parmi les Jacobins de Limoges la nouvelle de l'approche
des troupes girondines. Elle était ainsi conçue :

Citoyens frères et amis,

Prévenus par une lettre des représentants du peuple près les armées des Pyrénées que vous faites marcher des troupes sur Paris ou
vers Lyon, nous vous annonçons que nous sommes bien éloignés
d'approuver de pareilles mesures : elles ne peuvent produire que des
scissions funestes, détruire l'unité et l'indivisibilité de la République
et porter les derniers coups à la liberté.

Frères et amis, nous avons accepté à l'unanimité l'acte constitutionnel ; nous ne pouvons plus combattre et mourir que pour la
constitution ; aucunes sollicitations, aucunes insinuations ne seront
capables de nous faire adopter des projets liberticides. Jamais, non,
jamais les armes des braves Bordelais ne sauraient être employées
que contre les satellites des despotes, que pour écraser les brigands
qui désolent plusieurs des plus belles contrées de la République.

---

1. *Compte rendu à la Convention nationale par le citoyen Philippeaux,
l'un de ses membres, député commissaire dans les départements du centre et
de l'ouest*, imprimé par ordre de la Convention, et Archives de la Haute-
Vienne, L 123.

Écoutez, frères et amis, la voix de la patrie en pleurs et en habits de deuil, qui rappelle tous ses enfants à des sentiments humains et généreux. Nous vous en conjurons : entendez nos gémissements...

Déjà le bruit de votre marche porte la désolation dans notre département. Viendrez-vous y allumer les torches de la guerre civile en nous plaçant entre l'exécution de la loi du 26 juin et les sentiments d'attachement et de fraternité qui nous unissent pour jamais[1] ?

Ce n'est pas par les armes que le peuple doit manifester sa volonté suprême. Si vous avez des griefs, vous trouverez dans la constitution les moyens de les redresser. Comme nous, acceptez-la et qu'elle devienne l'égide contre toutes les tyrannies et le point de ralliement pour tous les Français[1].

Cette adresse fut confiée à un des secrétaires du Département, qui partit pour Bordeaux avec la mission d'étudier l'état des esprits, les forces de l'insurrection et de faire auprès du procureur général syndic de la Gironde une démarche pressante afin d'obtenir que l'itinéraire des troupes insurrectionnelles fût modifié.

Les illusions des chefs du mouvement bordelais commençaient à se dissiper ; ils n'en gardèrent pas moins jusqu'au dernier jour une fière attitude. Leur réponse aux administrateurs de la Haute-Vienne, datée du 27, témoigne que toujours ils conservèrent le même programme et repoussèrent les alliances, les compromis que les Montagnards accusaient les Girondins d'avoir acceptés ; elle témoigne aussi des sentiments généreux et patriotiques qui avaient inspiré cette insurrection, si légale dans son point de départ et que les circonstances seules transformaient en rébellion contre les lois du pays. Nous allons entendre un langage bien autrement viril et élevé que les phrases vides des administrateurs de la Haute-Vienne :

Citoyens collègues,

Comme les citoyens de votre département, ceux du nôtre, réunis en assemblées primaires, ont déjà en grande partie accepté la constitution et nous ne doutons point que cette acceptation ne soit unanime. Tous veulent également la République une et indivisible, le règne des lois, la sûreté des personnes et des propriétés ; mais ils sont infiniment convaincus que la représentation nationale est sous le joug d'une faction sanguinaire qui ôte à la majorité de ses mem-

1. Archives de la Haute-Vienne, L 327.

bres la liberté nécessaire pour exprimer leur opinion. Ils sont convaincus que, si la violence exercée sur le corps des représentants de la nation et l'enlèvement à main armée d'une partie de ses membres n'étaient pas regardés comme l'injure la plus cruelle faite à la nation entière, il n'existe plus de liberté, et que la volonté nationale sera toujours méconnue ou éludée, si un pareil attentat restait impuni et si l'audace des factieux n'était pas réprimée. Ils sont certains que la très-grande majorité des habitants de Paris voit avec horreur les crimes des scélérats qui les oppriment. Ce n'est donc point avec des intentions hostiles que nos concitoyens se portent à Paris, c'est au contraire dans les vues les plus pures de la paix et de l'union ; c'est pour aller se joindre à leurs frères de Paris et les aider à faire respecter la représentation nationale, à la rétablir dans son intégralité et assurer l'exécution de la constitution au moment où elle va être proclamée. Citoyens, les départements où le patriotisme le plus pur s'est signalé depuis les premiers instants de la Révolution, et nous croyons que le nôtre doit être mis de ce nombre, ont jugé nécessaires les mêmes mesures qu'a prises la commission populaire de ce département, d'après l'avis du peuple qui lui a confié ses pouvoirs.

Citoyens collègues, nos braves citoyens-soldats ne marchent qu'avec les sentiments les plus fraternels. Soyez assurés que leurs bras ne s'étendront vers vous que pour vous embrasser et vous conjurer de les aider à sauver la liberté, ou du moins de ne pas contrarier les mesures qu'ils croient indispensables pour le maintien de la souveraineté de la nation et de l'expression libre de sa volonté. Dans tous les cas, la conduite sage, ferme et mesurée qu'ils se proposent de tenir, ne leur permet pas même d'imaginer qu'ils puissent avoir à craindre aucun acte de violence de la part de leurs frères dans les départements qu'ils vont traverser.

P^{re} Sers, président. — Duranthon. — Grangeneuve. — Fringues [1].

Bien qu'on eût appris à Limoges le rejet, par les autorités de la Dordogne, des ouvertures émanant de la commission populaire de la Gironde, on ne s'attendait pas moins à l'entrée prochaine d'une colonne de troupes bordelaises sur le territoire de la Haute-Vienne. Des promesses de concours avaient été échangées en vue de cette éventualité entre les administrateurs de ce département et ceux de la Corrèze qui, oubliant la dénonciation adressée par eux à la Convention contre leurs collègues, s'étaient empressés

---

1. Une cinquième signature illisible. Archives de la Haute-Vienne, L 128.

de leur envoyer un délégué afin de se concerter avec eux. Le représentant Baudot, alors dans le Lot, accourut à Limoges. Sa première visite fut pour la société populaire, qui avait été convoquée extraordinairement. A cette séance, que le député présida, les membres du directoire et du conseil général furent l'objet de violentes accusations. L'un d'eux, Gay-Vernon, qui était présent et dont les sentiments pourtant étaient assez connus, fut pris à partie par un orateur ; mais on étouffa le débat.

Au sortir du club, escorté d'un grand nombre de citoyens, Baudot se rend au Département ; il monte dans la salle des séances, toujours suivi de son cortége, qui a grossi en chemin. Sans autre entrée en matière, il prend la parole et prononce un discours sur les dangers que court la liberté. Les troupes girondines vont se mettre en marche : il est venu pour organiser la défense du territoire et la défense de la Révolution ; car c'est elle qu'on attaque ; c'est son existence même que menacent les insurgés. Faisant un énergique appel au concours de tous, il termine en remettant sur le bureau une réquisition par laquelle il enjoint au Département de s'opposer par tous les moyens au passage des rebelles. La garde nationale devra être armée sans retard et envoyée au-devant des Bordelais dès que leur arrivée à Périgueux aura été signalée. Le tocsin sonnera dans toutes les paroisses, et tous les habitants des campagnes, avec les armes qu'ils auront sous la main : « fusils de chasse, piques, fourches, faux, broches, » quitteront leurs villages et accourront à un point de réunion déterminé, en avant de Limoges, d'où on marchera contre les Girondins, « après avoir toutefois employé envers ceux-ci les moyens de fraternité et d'amitié que se doivent tous les Français qui ont juré le maintien de la constitution. » Tous les complices des insurgés seront arrêtés et traduits à la barre de la Convention. Le Département et chacun de ses membres en particulier sont déclarés responsables de l'exécution de l'arrêté [1].

Un comité défensif provisoire avait été constitué peu de jours auparavant, en vue surtout de prendre les mesures nécessaires pour préserver le district de Bellac de toute incursion des Vendéens, dont on redoutait une pointe dans le Haut-Poitou : ce fut à ce comité que le directoire confia le soin de tout préparer pour repousser l'armée girondine. Des crédits lui furent ouverts ; il

1. Archives de la Haute-Vienne (*passim*), et registres de l'hôtel-de-ville.

s'aboucha aussitôt avec les autorités de la Dordogne, envoya un commissaire à Tulle et réclama des armes au ministre de la guerre. L'arrêté de Baudot fut adressé à tous les Districts, avec injonction pressante de donner les ordres nécessaires pour la défense du département. Enfin les administrateurs écrivirent à leurs collègues de la Gironde, pour leur faire part des mesures prescrites par le représentant du peuple et leur déclarer qu'ils étaient prêts à les exécuter.

De nouveaux événements se produisaient sur ces entrefaites au sud-est du département de la Haute-Vienne. Dans les premiers jours d'août un mouvement éclatait à Eymoûtiers ; on l'attribuait à l'influence des prêtres insermentés. En tout autre temps, on l'eût jugé peu dangereux. A ce moment, il compliquait gravement la situation ; car d'un autre côté, le district de Saint-Yrieix paraissait agité. Les corps constitués de cette ville avaient de nouveau fait des démarches suspectes ; ils venaient de solliciter le renvoi dans leurs familles de tous les prêtres détenus à Limoges. Les nouvelles de la Vendée étaient si inquiétantes que les administrateurs et le comité défensif croyaient devoir appeler au chef-lieu tous les Districts afin d'arrêter de concert les mesures à prendre dans le cas où le théâtre de la guerre viendrait à se rapprocher de la Haute-Vienne.

Ces craintes ne tardèrent pas à s'apaiser. L'armée vendéenne, rejetée sur la Loire, s'éloigna du Haut-Poitou. Les bandes qui demeurèrent dans le pays n'opérèrent que dans un rayon fort limité. La petite émeute d'Eymoûtiers fut facilement réprimée par une colonne des gardes nationales de Limoges et de St-Léonard. Le calme renaissait dans le district de Saint-Yrieix, qui était vigoureusement travaillé par des émissaires jacobins. Quant au mouvement bordelais, on s'était exagéré ses forces : non-seulement les départements qui, au début, avaient adhéré avec le plus d'enthousiasme à son programme, se dégageaient peu à peu de la ligue où ils étaient entrés et refusaient même de laisser enlever des grains destinés à la Gironde ; mais les sections de Bordeaux, travaillées par les Jacobins et effrayées du reste de leur isolement, ne fournissaient pas le contingent qui leur était demandé. La seule colonne qui se mit en marche ne dépassa pas Langon. En présence de ces difficultés, de la pénurie des vivres, des défections qu'elle avait chaque jour à constater, la commission populaire de salut public prononça elle-même sa dissolution, le 2 août.

IX.

Ainsi, la crainte de voir le département bouleversé et ensanglanté par la guerre civile se dissipait ; mais les autorités de la Haute-Vienne avaient d'autres sujets d'inquiétude. La misère était à son comble ; les secours sollicités du gouvernement n'arrivaient pas. La société populaire décida qu'un de ses membres les plus influents et les plus énergiques, l'ex-dominicain Foucaud (plus tard payeur général), se rendrait à Paris pour hâter l'allocation d'un crédit et demander une autorisation d'emprunt dont on comptait se servir pour lever une nouvelle taxe sur les riches. Les membres du directoire et du conseil général remirent à Foucaud une copie de leur lettre au ministre de l'intérieur et une profession de foi anti-fédéraliste, afin que l'envoyé du club fût en mesure de démentir, pièces en mains, auprès du comité de salut public, des Jacobins et des ministres, les accusations dont le Département avait été l'objet.

Représentants, déclaraient les administrateurs de la Haute-Vienne, nous sommes descendus dans notre conscience, et nous n'y avons trouvé que des intentions pures. Une seule démarche a semblé prêter des armes contre nous, c'est l'adhésion aux mesures qui nous furent proposées par le Département de la Côte-d'Or, le 5 juin, époque à laquelle nous ne connaissions pas encore les *heureuses* journées des 31 mai, 1er et 2 juin. Nous avons applaudi avec tous les sans-culottes de la République au courage que vous avez développé ; nous avons adhéré avec transport à tous les décrets, à toutes les mesures que vous a dictés, dans toutes les circonstances, le salut de la République.....

L'envoyé de la société populaire se proposait de demander à être admis à la barre de la Convention, pour y exposer les souffrances de ses concitoyens. Les députés l'en détournèrent ; on lui dit que toutes les démarches de cette nature avaient été dénoncées comme des manœuvres contre-révolutionnaires [1]. Foucaud dut se borner à faire, comme il dit, « sa ronde » dans les ministères ; mais là aussi il rencontrait des difficultés de toute espèce : nonseulement le Département de la Haute-Vienne était suspect, mais

---

1. Lettre de Foucaud du 28 août. (Archives de la Haute-Vienne, L 123.)

on lui reprochait de n'avoir pas justifié de l'emploi des derniers
secours qui lui avaient été accordés et de divers crédits affectés à
des services administratifs.

Le 23, on apprit à Limoges les incidents qui avaient
marqué la séance de la Convention du 21 août. — Lesterpt-
Beauvais, à peine revenu de Saint-Étienne, fut dénoncé par
Chabot comme n'ayant pas surveillé avec assez de vigilance
« les malversations des administrateurs de Rhône-et-Loire » ;
sur la motion de l'ancien capucin, la Convention décida
que le comité de sûreté générale ferait son rapport sur la façon
dont Lesterpt avait rempli sa mission. Celui-ci, encore souffrant
des suites d'une longue maladie, arriva à l'Assemblée au cours
de la séance ; il fut informé de ce qui venait de se passer et
monta aussitôt à la tribune pour faire entendre sa justification ;
il rappela l'objet de son mandat, qui lui conférait uniquement la
surveillance des dépôts nationaux d'armes et le soin d'empêcher
toute livraison de fusils irrégulière. Il n'avait eu ni le pouvoir ni
les moyens d'empêcher les Lyonnais, entrés dans Saint-Étienne
en vainqueurs, de s'emparer des armes qui existaient dans les
ateliers des fabricants. Garnier (de Saintes) et plusieurs autres
représentants l'interrompirent et l'accusèrent d'avoir été d'intelligence avec les insurgés. Il s'en défendit et continua ses explications.

A ce moment Gay-Vernon prit la parole et lut la protestation
adressée au département de la Haute-Vienne par cinq de ses
députés, après le 2 juin. Lesterpt reconnut avoir apposé sa signature au bas de ce document, mais prétendit qu'il n'avait pas pris
connaissance de son contenu. De violents murmures éclatèrent.
Plusieurs membres inculpèrent de nouveau la conduite de Lesterpt. Amar demanda qu'il fût compris au nombre des députés de
la droite sur lesquels le Comité de sûreté générale devait présenter
un rapport et qu'un décret d'accusation fût rendu contre lui. La
Convention se contenta de décider que Lesterpt-Beauvais, Faye,
Rivaud, Lacroix et Soulignac demeureraient en état d'arrestation
chez eux, jusqu'après le rapport du comité de sûreté générale,
chargé d'examiner leur conduite[1]. Les députés de la Haute-
Vienne, au reste, étaient déjà suspects, et le 14 août, Rivaud,

____

1. Voir le compte-rendu de la séance de la Convention du 21 août à la *Gazette
Nationale* (*Moniteur Universel*) et au *Journal des Débats et Décrets.*

qui avait demandé un congé pour se rendre dans son département, se l'était vu refuser sur une observation désobligeante d'un de ses collègues.

Lesterpt fut saisi dans l'enceinte même de l'Assemblée et renfermé au corps de garde. Sur ses énergiques réclamations, il obtint qu'il serait, ainsi que le portait le décret, retenu à son domicile sous la surveillance de deux gendarmes [1].

La conduite du député de la Haute-Vienne, pendant sa mission, avait été l'objet d'une dénonciation de la part d'un représentant, Reynaud, de la Haute-Loire. Celui-ci reprochait à Lesterpt le concours qu'il aurait donné aux insurgés de Lyon, au moment où ils marchèrent sur Saint-Étienne, et le retard qu'il avait mis à obéir au décret de la Convention qui le rappelait dans son sein. Noël Pointe, de Rhône-et-Loire, qui avait été envoyé à Saint-Étienne pour remplacer Lesterpt et dont le rapport sur le compte de son prédécesseur était des plus défavorables, fut invité à fournir des notes écrites à ce sujet.

Dans un long factum justificatif, Lesterpt combattit ces imputations. Il affirmait avoir rempli, dans les limites du possible, l'objet de sa mission ; il rappelait qu'il avait constamment tenu le comité de salut public au courant de ses actes et n'avait reçu de lui aucune communication, même au sujet de son rappel : il apprit son remplacement par un journal. Pointe, lui-même, son accusateur, arrêté par les Lyonnais [2], devait surtout aux efforts de son collègue son élargissement. Lesterpt, à l'arrivée de son successeur, lui fit part de son incertitude sur la conduite qu'il allait tenir. A défaut de toute notification du décret de rappel, Pointe l'engagea à continuer provisoirement ses fonctions. Atteint d'une fièvre bilieuse, Lesterpt ne s'en était pas moins voué tout entier à la tâche qu'il avait reçue de la Convention ; il n'avait pas qualité pour s'occuper des événements de Lyon et de la répression du soulèvement. D'autres représentants étaient chargés de ce soin.

A l'approche des Lyonnais, les autorités locales demandèrent à Lesterpt de s'interposer, afin d'éviter l'effusion du sang : le représentant ne crut pas devoir s'y refuser. Mais la municipalité

<hr>

1. Archives nationales, F⁷, 4618.

2. Une lettre de Lesterpt-Beauvais aux administrateurs de la Haute-Vienne, datée du 3 juillet (Archives de la Haute-Vienne, L 128), relate cet incident.

et le peuple de Saint-Étienne ayant décidé qu'on fraterniserait avec les insurgés, Lesterpt, sans moyens d'action, dut se borner à adresser des réquisitions à toutes les autorités pour leur enjoindre, sous leur responsabilité, de ne pas laisser enlever des armes destinées aux défenseurs de la République. Il se rendit même à Lyon pour conférer sur cet objet avec les chefs du mouvement; mais l'annonce des mesures prises à l'égard de l'insurrection par la Convention nationale fit échouer cette démarche. Il revint à Saint-Étienne et continua à s'occuper de l'objet de sa mission jusqu'au jour où, voyant ses ordres méconnus, il se décida à quitter cette ville, toujours accablé par la maladie et sans avoir reçu une seule communication du comité de salut public[1].

Les collègues de Lesterpt présentèrent également un mémoire justificatif. Ils se bornaient à y protester de la pureté de leurs intentions et à rappeler qu'ils n'avaient pas fait appel à la force; qu'ils s'étaient bornés à raconter les événements, à les apprécier suivant leurs lumières et leurs impressions personnelles. Lorsqu'ils avaient écrit l'adresse du 4 juin, tout le monde n'était pas fixé sur le sens et la portée des événements qui avaient signalé les jours précédents. Ils avaient pu se tromper comme les autres. Le rapport même de Barrère, dont ils citaient certains passages, ne reconnaissait-il pas la violence faite à l'Assemblée nationale?

Quand la Convention, disaient-ils, entendait sans murmures ce discours, en ordonnait l'impression·, étions-nous condamnables d'éprouver des alarmes qu'elle recevait du rapporteur de son comité de salut public?..... Nous avons usé de notre droit, de celui qui appartient à tout citoyen d'un pays libre qui a acheté la liberté de penser par quatre années de travaux et de sacrifices; nous avons usé du droit qu'a tout représentant du peuple d'émettre et de communiquer son opinion sur tous les points qui ont trait au bien public; nous avons cru remplir notre devoir, nous avons rempli le vœu de nos concitoyens en leur faisant connaître, telle que nous pouvions la juger nous-mêmes, la situation de leurs représentants. Ce n'était point une correspondance secrète et particulière que nous avons voulu établir avec des administrateurs; c'était une communication franche et libre de nos pensées et de notre sollicitude pour la liberté...

... Et nous aussi nous avions encore dans le cœur le sentiment de compression que venait d'éprouver le ressort de la souveraineté na-

1. Archives de l'État, F⁷, 4606 — F⁷, 4618.

tionale, dans les représentants de la nation ; et nous aussi, comme
le rapporteur, nous ne pouvions point encore savoir quel devait être
le terme des mouvements qui avaient eu lieu les jours précédents, et
nous étions peut-être excusables de n'être point jusque là sans inquiétude sur la situation de l'Assemblée. Nous étions d'une autre part
convaincus que les mêmes craintes agitaient un grand nombre des
membres de la Convention ; nous éprouvâmes celle que leurs inquiétudes influassent sur leurs opinions dans l'assemblée, que ses délibérations n'emportassent, sinon l'empreinte, du moins le soupçon
de la contrainte. Nous sentions que, pour opiner librement, il ne
suffit pas d'être libre ; qu'il faut encore avoir la conscience de sa
liberté, et que, dans ce moment de crise, véritablement elle pouvait
nous manquer [1].....

Faye fit présenter sa justification à la tribune de la société
populaire par le frère de l'évêque. Lacroix, de son côté, écrivant
un peu plus tard aux administrateurs de la Haute-Vienne pour
leur demander copie des lettres collectives reçues par eux et qui
portaient sa signature [2], protesta de son retour à une plus exacte
appréciation des événements :

Ceux qui étaient prévenus le 5 contre la journée du 2, pouvaient
bien l'être encore le 7, néanmoins avec quelque différence ; car, dès
ce jour, on commençait à apercevoir un rayon de lumière sur les huit
ou dix précédents, et quinze jours après, il était devenu un faisceau qui
avait entièrement dissipé mon erreur. Personne ne désire plus que
moi que la conduite des députés mis en état d'arrestation soit exami-
née. Tout mon crime à moi, je le confesse, il est dans vos bureaux :
c'est d'avoir signé la lettre du 5 juin [3] ; c'est de n'avoir pas compris
dans les premiers jours de juin la révolution qui s'opérait pour lors,
de l'avoir prise en sens contraire et d'en avoir signé la relation. Ma
consolation est que vous, citoyens, à qui elle était adressée, n'en
avez fait aucun usage, qu'elle n'a produit aucun effet, et qu'enfin un

1. Archives de l'État, F⁷, 4618.

2. La dernière de ces lettres, datée du 4 août, est sans grand intérêt ; elle
répond à l'envoi de l'adresse du 23 juillet aux administrateurs de la Gironde et
approuve les sentiments et les opinions qui y sont exprimés : « Ce n'est pas par
les armes, y est-il dit, que le peuple doit manifester sa volonté suprême ; a
dans la constitution les moyens de redresser ses griefs... elle deviendra le point
de ralliement de tous les Français, etc. »

3. Les souvenirs de Lacroix l'induisent en erreur : la   même adresse est
datée du 4. La lettre collective du 7 juin commet la même inexactitude.

très-grand nombre d'excellents républicains, tant de Paris que des départements, se sont trompés comme moi [1]...

Nos collègues sont toujours en état d'arrestation, écrivait à la fin d'août l'évêque au Département, en lui adressant cette fois des félicitations sur ses bons sentiments et son attitude. Le rapport de leur affaire n'aura lieu qu'après celui des trente-deux. Il est désirable pour eux qu'il soit différé jusque là. Les scellés sont levés chez eux ; ils se portent bien [2].

Le rapport fut en effet retardé ; on voulut bien oublier Soulignac, Faye, Lacroix et Rivaud, qui restèrent en arrestation à leur domicile jusqu'après le 9 thermidor. Le décret du 13 frimaire an III les réintégra sur leurs sièges.

Le comité de salut public avait décidé que l'affaire de Lesterpt serait jointe à celle des trente-deux, et le décret d'accusation fut rendu contre lui. Des correspondances dans lesquelles on témoignait pour Marat autant de mépris que d'horreur avaient été trouvées dans ses papiers. Ce fut la cause de sa perte. Un peuple qui ne veut plus de Dieu se crée des idoles : le nom de Marat, depuis le crime de Charlotte Corday, était devenu quelque chose de sacré pour la foule. Malheur à l'imprudent qui osait toucher sans respect à ce fétiche : se déclarer anti-maratiste, c'était se condamner soi-même à la mort. Lesterpt, et c'est son honneur, avait combattu dans son pays les progrès du nouveau culte. Il paya de sa vie ce sacrilége. Quant aux griefs se rapportant à sa mission de St-Étienne, il ne paraît pas en avoir davantage été question : ni dans ses interrogatoires au cours de l'instruction du procès, ni à l'audience du tribunal révolutionnaire, Lesterpt n'eut à s'expliquer sur les diverses accusations dont il avait été l'objet à la séance du 21 août. Il reconnut de nouveau avoir mis son nom au bas de l'adresse du 4 juin ; mais il déclara qu'on la lui avait présentée de la part de ses collègues, qu'il l'avait signée « de confiance, » qu'il n'en était ni le « rédacteur ni l'écrivain. » L'accusateur public tonna contre ce manifeste. Puis le président lut diverses lettres saisies chez Lesterpt ; elles émanaient de jeunes gens, animés de sentiments très-républicains, mais manifestant la plus vive indignation contre les sanguinaires programmes de l'Ami du peuple. L'un d'eux, Amable Frichon, de Magnac-

1. Archives de la Haute-Vienne, L 128.
2. Archives de la Haute-Vienne, L 128.

Laval, racontait qu'il avait présenté à la société populaire de Magnac une adresse contre Marat, qu'elle avait été repoussée, mais qu'il se proposait de revenir à la charge ; un autre écrivait qu'un « apôtre de la liberté, » — c'est-à-dire un agent du club de Limoges, — soupçonné d'être maratiste, avait passé dans la même localité, mais avait jugé prudent de dissimuler ses tendances ; que bien lui en prit, car sans cela il aurait pu ne pas sortir de la ville. Le jeune Frichon, dans un billet daté de Niort, invitait Lesterpt à suivre l'exemple de Kersaint et de Manuel, à fuir pour se soustraire au poignard des assassins....

Ce mot provoqua de nouveau l'intervention de Fouquier-Tinville : — « Comment, s'écria-t-il, a-t-on pu représenter le peuple de Paris comme un peuple de brigands et d'assassins, après l'avoir vu le 2 juin, dans toute sa majesté[1] ! »

L'accusé avait pour défenseurs Tronchou-Ducoudray et La Flûterie ; on sait qu'il ne fut pas permis aux avocats de prendre la parole.

Condamné à mort avec les proscrits du 2 juin, Lesterpt-Beauvais aurait pu fuir, s'il faut en croire une tradition de famille : son frère, un ecclésiastique, était parvenu à lui en fournir les moyens ; mais le représentant refusa de séparer son sort de celui de ses collègues. Il manifesta à l'heure suprême des sentiments religieux et se confessa à l'abbé Lothringer[2], puis marcha avec courage à la guillotine. Son sang se mêla à celui des plus illustres orateurs de la Gironde. — Ainsi trois députés à la Convention, enfants du département de la Haute-Vienne, portèrent, dans ce funèbre mois d'octobre 1793, leur tête sur l'échafaud : Gorsas, exécuté le 7 ; Vergniaud et Lesterpt-Beauvais, guillotinés le 31.

X.

Pendant qu'à Paris se préparaient ces drames, la crise se terminait d'une façon moins sanglante dans la Haute-Vienne.

----

1. Supplément à la *Gazette nationale* (*Moniteur*) du 27 octobre 1793, page 19. — Archives de l'État, W 292, n° 204. — *Procès de J.-P. Brissot et complices, ex-députés à la Convention nationale*, Paris, Clément, nivôse an II.

2. Campardon : *le Tribunal révolutionnaire de Paris*, t. I, p. 162, 163, note.

Nous avons dit que toute velléité de résistance avait été abandonnée dans cette partie de la République. Le directoire du département et les autorités du chef-lieu s'étaient soumis au joug de la Montagne; les hésitations qui s'étaient produites au lendemain du 2 juin dans les districts du Dorat et de Bellac avaient rapidement disparu. Quant aux corps constitués de Saint-Yrieix et aux fonctionnaires qui avaient pris part aux manifestations anti-jacobines des 7, 8 et 9 juin, ils s'étaient abstenus, depuis la démarche tentée par eux au mois de juillet en faveur des prêtres reclus à Limoges, de tout acte qui pût fournir matière à les accuser. La nouvelle de l'arrestation, par ordre du comité de sûreté générale, d'un des administrateurs du district, qui s'était rendu à Paris, les avait frappés de terreur et ils ne demandaient qu'à être oubliés. Plusieurs personnes compromises dans ces événements, redoutant les conséquences de l'initiative prise par les autorités de Saint-Yrieix au lendemain de la chute de la Gironde, se décidèrent à quitter le pays. Partout les Jacobins triomphaient sans protestation, et la Société des *Amis de la liberté* de Limoges dirigeait en maîtresse le département. Le comité de salut public jugea néanmoins qu'il n'y avait pas à faire grand fonds sur le dévouement des fonctionnaires de la Haute-Vienne; en tous cas, il lui sembla indispensable d'étudier de près la situation et urgent de procéder à l'épuration des corps administratifs. Dans la séance de l'Assemblée nationale du 7 août, le député Lanot présenta un rapport sur l'attitude des autorités de la Haute-Vienne; il rappela les hésitations et la faiblesse du directoire du département, la conduite des magistrats de Saint-Yrieix, les tiraillements qui s'étaient produits sur plusieurs points, notamment à Châteauponsac, assura que le parti modéré exerçait encore une assez grande influence dans le pays, cita divers emplois confiés à des citoyens suspects de girondinisme ou même de royalisme : ainsi, M. Grellet, arrêté en décembre 1792, sur la demande d'un grand nombre de citoyens et souvent dénoncé à la tribune de la société de Limoges, venait d'être chargé d'une mission relative à l'approvisionnement de la ville ; le propre beau-frère de Vergniaud, M. Alluaud, faisait partie du Comité défensif, etc.[1]

---

1. Compte-rendu de la séance de la Convention du 7 août, au *Moniteur*.

Après avoir entendu ce rapport et sur la proposition du comité de salut public, la Convention rendit le décret suivant :

Le citoyen Brival se transportera sans délai à Limoges, à Saint-Yrieix et dans le canton de Châteauponsac. Il est autorisé à suspendre, mettre en état d'arrestation et remplacer provisoirement tous les fonctionnaires publics qui lui paraîtraient suspects.

Le même commissaire est également autorisé à prendre, dans l'étendue de ce département, toutes les mesures de sûreté générale qu'exigera l'intérêt de la République. Il est chargé d'en rendre compte immédiatement à la Convention [1].

Brival se trouvait alors dans la Corrèze ; il avait toujours figuré au nombre des Montagnards les plus résolus, bien qu'il eût montré de la modération en plusieurs circonstances. Il partit de Tulle le 15 août pour parcourir successivement les districts de Limoges, Saint-Yrieix, Bellac et Le Dorat. Avant de commencer sa tournée, il se présenta, le 17, à la société populaire du chef-lieu, où il fut accueilli avec des démonstrations enthousiastes. Le commissaire de la Convention prit la parole et somma tous les membres du club, au nom de la patrie en danger, de lui dénoncer les fonctionnaires publics, quels qu'ils fussent, qui, par incivisme ou par corruption, n'auraient pas rempli leur tâche en « dignes républicains ». Les *Amis de la liberté* acceptèrent avec empressement une mission qui répondait à leurs plus ardents désirs, et songèrent à se montrer dignes de tant de confiance. En attendant le retour de Brival, ils envoyèrent une adresse à l'Assemblée nationale pour demander que le nombre des administrateurs du Département fût réduit à quatre ; des *inspecteurs* furent chargés de surveiller la conduite des corps constitués et on décida en principe que tout membre de l'administration qui aurait soit censuré, soit fait, approuvé ou signé un écrit improuvant les lois ou la conduite de la Convention, serait destitué.

Le 23, deux commissaires envoyés par les sections de Bordeaux à la Convention pour solliciter le rapport du décret qui mettait les autorités de cette ville hors la loi, Dancémont et

---

1. Nous n'avons pu retrouver le compte-rendu de cette mission. Les recueils de la Bibliothèque nationale ne possèdent qu'un compte de dépenses présenté par Brival et Lanot qui lui fut associé plus tard (L⁺ 9, n° 155).

Saint-Cricq, se présentèrent à la municipalité. Ils demandaient le visa immédiat de leurs passeports et un ordre pour avoir des chevaux de poste. Les administrateurs du Département, prévenus, prirent l'avis du comité défensif et du comité départemental de salut public. Ceux-ci estimèrent que les deux voyageurs devaient être mis en état d'arrestation et envoyés à Paris sous l'escorte de la gendarmerie. Toutefois, sur la demande de Dancémont et de son collègue, les autorités consentirent à faire donner, aux frais des délégués, des chevaux de poste aux gendarmes, afin qu'il ne résultât de ces mesures aucun retard dans l'accomplissement de leur mission. L'arrêté fut soumis à Brival, qui se trouvait en ce moment à Limoges. Le représentant, après avoir entendu les commissaires bordelais, rapporta l'arrêté du Département et permit aux voyageurs de continuer leur route à la condition qu'aussitôt arrivés à Paris, ils se présenteraient au comité de salut public.

La conduite irréprochable des administrateurs départementaux dans cette occasion ne put désarmer l'inimitié des *Amis de la liberté*. Le refus de M. Durand et de ses collègues d'approuver une proposition du comité des subsistances qui avait eu l'adhésion du conseil général de la commune et du District, venait de renouveler ces colères. Cette motion était pourtant contraire aux lois : il s'agissait d'obliger les propriétaires et les cultivateurs à porter, dans les trois jours, au grenier de la ville les deux tiers des grains qu'ils pouvaient posséder. Le Département s'était borné à renvoyer la demande du comité au représentant du peuple. Les administrateurs continuaient à être l'objet d'accusations incessantes. A la tribune du club, dans les groupes de la rue, on répétait aux pauvres et aux ouvriers : « Si vos familles souffrent, si vous avez faim, la faute en est au Département. » Ainsi naguère à Paris, les meneurs répétaient à la foule : « La faute en est aux Tuileries », ou « la faute en est au Temple ». Chaque jour les membres du directoire étaient insultés, menacés : la situation n'était plus tenable.

Brival avait dû s'occuper sur-le-champ de la question des subsistances, qui continuait à dominer toutes les autres : on le pressait d'autoriser un emprunt forcé de 400,000 livres pour des achats de grains : le Département, pour faire oublier ses tergiversations récentes, avait adhéré à ce projet, mis en avant par

la société populaire et appuyé par la municipalité. Le représentant ne crut pas avoir le droit de donner satisfaction à ce vœu
avant l'issue des démarches de Foucaud à Paris. On décida qu'en
attendant le décret sollicité par le délégué des *Amis de la
liberté*, un dernier appel serait adressé aux riches. Une circulaire, appuyée d'un arrêté menaçant de Brival, fut envoyée, dès
le 18 août, à toutes les personnes aisées de la ville; cette invitation n'ayant pas produit les résultats qu'on en avait espérés, le
conseil général de la commune, sous la pression de la société
populaire, publia, le 27, une proclamation qui était un véritable
ultimatum : on donnait aux riches vingt-quatre heures pour
fournir la somme dont on avait besoin. Mais les souscriptions
obtenues ne dépassèrent guère 100,000 livres, et l'emprunt forcé
fut décidé; aussitôt que Foucaud eut rapporté le décret du 30,
accordant un secours de 50,000 livres à la commune et autori-
sant la municipalité à en emprunter 500,000, un comité de
quatorze membres répartit cette somme entre une soixantaine de
citoyens. Le chiffre de ces taxes était, pour certaines personnes,
fort élevé; il dépassait 20,000 livres pour cinq ou six; pour
l'une d'elles il atteignait 30,000.

Le 24, six membres de la société populaire avaient été désignés
pour se rendre auprès du député en mission et lui dénoncer la
conduite tenue par les administrateurs, leurs sympathies pour le
parti modéré, leurs longues hésitations, leur défaut d'énergie,
les dangers que leur patriotisme incertain aurait pu faire courir
à la chose publique, sans la ferme attitude des *Amis de la
liberté*. Les mêmes délégués eurent mission d'examiner la conduite de chacun des membres du Département en particulier, et
de relever les divers griefs qui pouvaient lui être personnellement
imputés. Le club recevait, de Paris, à cet égard, des excitations
bien superflues. Xavier Audoin, notamment, le pressait dans les
termes les plus vifs de profiter de la présence de Brival pour
faire chasser « les administrateurs perfides et lâches qui avaient
cherché à fédéraliser le département ».

Informés des violentes attaques dirigées contre eux et des
accusations dont leur conduite avait été l'objet auprès du représentant du peuple, les membres du Département écrivaient le 25
à Brival :

Nous sommes instruits que des dénonciations vous ont été présentées contre l'administration de la Haute-Vienne. Nos dénonciateurs ne nous sont pas connus; mais sans doute ils se montreront, et nous attendons de votre justice qu'ils ne seront pas seuls entendus. Représentant, dans un état libre, la réputation d'un magistrat du peuple est une propriété publique. Forts de notre conscience et de notre conduite, nous ne nous laisserons pas enlever la nôtre, et certes il ne nous sera pas difficile de la défendre. Ordonnez, citoyen représentant, que toutes les plaintes dirigées contre nous nous soient communiquées. Des hommes publics, qui ont en leur faveur la présomption de vertu et de patriotisme qui résulte du choix du peuple, méritent sans doute qu'on ne leur refuse pas une faveur accordée par la loi à ceux qu'un décret d'accusation désigne comme coupables [1].

Le représentant en mission continuait à parcourir le département, s'assurant que tout était rentré dans le calme et qu'aucun ferment de trouble ne menaçait l'avenir. Le 28, il se trouvait à Saint-Yrieix, où toutes les autorités et corps constitués : District, tribunal, municipalité, conseil général de la commune, juge de paix, receveur même, avaient été suspendus. Seul le procureur syndic du District, le maire et un autre officier municipal étaient demeurés en fonctions. Brival pourvut provisoirement à tous les services, réchauffa le patriotisme de la société populaire où les citoyennes paraissent avoir, à cette époque comme au mois de mars précédent, joué un rôle considérable. Le lendemain il rentrait à Limoges, fermement déterminé à prendre une décision touchant les administrateurs du département. Il parcourut les registres du directoire et du conseil général et constata que, dans l'un d'eux, cinq feuilles avaient été intercalées. Il en fit l'observation le soir même, à la séance de la société; on apporta les registres et l'exactitude du fait fut vérifiée. A la suite de cet incident, le comité spécialement chargé de l'examen de la conduite des fonctionnaires remit au député plusieurs rapports, que signèrent tous les membres du bureau.

Le 1er septembre, Brival se rendait dans la chapelle de l'ancien collége des Jésuites, où le club tenait ses séances. Le représentant avait fait convoquer dans ce local tous les corps constitués et tous les fonctionnaires du chef-lieu. Là, en présence d'une foule nombreuse, il donnait lecture d'un arrêté dont il

1. Archives de la Haute-Vienne, L 157 et 327, et registres de l'hôtel-de-ville.

prescrivit la publication immédiate. Cet arrêté était ainsi conçu :

Aujourd'hui, premier septembre 1793, l'an deuxième de la République française, une et indivisible,

Le citoyen Brival, délégué du peuple dans le département de la Haute-Vienne pour y suspendre et remplacer provisoirement les autorités qu'il jugera à propos,

A arrêté, en présence de tous les corps constitués de Limoges, en présence du peuple, et dans l'enceinte de la société républicaine :

1° Le citoyen Durand de Richemont, président, Hugonneau, administrateur du directoire, Tramont, Mourier, administrateurs du conseil, sont provisoirement suspendus de leurs fonctions.

2° Le citoyen Grandchamp, membre du conseil, remplira provisoirement les fonctions d'administrateur du directoire. Gay-Vernon, premier administrateur du conseil, remplira provisoirement celles de président de l'administration, etc.

Le président du tribunal du district, un des juges du tribunal, un juge de paix et plusieurs autres fonctionnaires étaient également suspendus. Les signataires de l'arrêté pris le 23 juin au sujet des dépêches de la commission populaire de salut public de Bordeaux, devaient verser dans les vingt-quatre heures, à la caisse du receveur du district, les frais de l'envoi du courrier extraordinaire qui avait rapporté aux autorités de la Gironde les plis destinés aux administrateurs de la Corrèze et de la Creuse, avec la réponse de ceux de la Haute-Vienne.

Peu après M. Durand de Richemont était arrêté et envoyé à Paris, par ordre du comité de sûreté générale de la Convention.

Le 4 septembre, le comité central de salut public, créé par Borie et Bordas quelques mois auparavant, était réorganisé et ses membres renouvelés. Les suspects, déjà arrêtés deux fois, en mars et en juin, avaient été relâchés après le vote de la Constitution. Quelques-uns d'entre eux, contre lesquels s'élevaient des charges plus ou moins sérieuses, furent traduits au mois de juillet devant le tribunal criminel, sous prévention de correspondance avec des émigrés et de participation aux troubles qui avaient entravé le recrutement. L'ancien président du Département, M. Pétiniaud de Beaupeyrat, était de ce nombre. Mais tous les accusés furent acquittés, et comme le verdict du jury

déclarait que leur présence sur le territoire français ne consti-
tuait pas un danger pour la République, on dut les mettre en
liberté comme les autres.

Ils ne jouirent pas longtemps de cette trêve. A peine le nouveau comité de salut public fut-il entré en fonctions qu'il s'oc-
cupa des mesures à prendre contre les suspects. Dans une seule
nuit, celle du 10 septembre, ordre fut donné de mettre en prison
vingt-cinq personnes; en même temps on expédiait aux districts
des arrêtés prescrivant l'arrestation de cinquante autres citoyens,
sur divers points du département : quinze dans le district de
Saint-Yrieix, onze dans celui de Saint-Léonard, dix dans celui
de Bellac, neuf dans celui de Saint-Junien, cinq dans celui du
Dorat. Sur cette liste figuraient les noms de deux des suppléants
à la Convention : Genty de Laborderie et Lesterpt-Beauvais
aîné. Le troisième, Pierre Dumas, président du tribunal criminel, fut suspendu et remplacé le 24 et peu après envoyé à Paris.
Un peu plus tard, le représentant Lanot, que la Convention
adjoignit à Brival, suspendit également l'accusateur public et le
greffier du même tribunal, « prévenus de s'être prêtés à soustraire
au glaive de la loi Pétiniaud et Naurissard. » Ils furent arrêtés
et mis au secret; on ne les relâcha qu'après une longue détention.

Les autorités de Bellac, plusieurs de celles des districts du
Dorat, de Saint-Léonard et de Saint-Yrieix furent remplacées
par les représentants. Un décret de la Convention en date du
27 août avait déjà, à l'occasion de poursuites exercées contre le
maire de Châteauponsac, et sans doute sur le rapport de Brival,
décrété la suspension et l'arrestation de plusieurs magistrats ou
fonctionnaires, notamment d'un administrateur du département,
Mathieu La Chassagne, celui-là même qui s'était rendu le 8 juin
à Périgueux pour y porter les propositions de la Côte-d'Or et du
Jura. Mathieu La Chassagne fut transféré à Paris et remis à
l'accusateur public près le tribunal révolutionnaire. Cette affaire
paraît, au surplus, n'avoir pas eu de suites.

Les Jacobins n'avaient plus à redouter aucune opposition :
cette fois leur victoire était complète. Leurs derniers adversaires,
à leur merci, demandaient grâce. La Montagne ne connaissait,
à son pouvoir, d'autres limites que sa volonté. Les clubs avaient
dompté la représentation nationale : ils visaient maintenant à
se substituer au corps électoral lui-même. Ainsi le club de

Limoges demandait que les suppléants à la Convention fussent désignés par les sociétés populaires. — Les *Amis de la liberté* se montraient plus impitoyables que jamais à l'égard des fédéralistes; ils pressaient l'Assemblée de faire traduire au tribunal révolutionnaire tous les députés qui avaient protesté contre les événements des mois de mai et de juin. Ils applaudissaient aux vengeances jacobines, accueillaient avec des marques de vive satisfaction la nouvelle de l'exécution de leur concitoyen Gorsas, et se félicitaient, en apprenant le « raccourcissement » de Biroteau, de penser que les chefs du parti girondin allaient prochainement « jouer à la main chaude[1] ». La société préludait ainsi, par les ignobles plaisanteries du répertoire du Père Duchêne, aux hideuses et sanglantes mascarades qui devaient marquer à Limoges la période aiguë de la Terreur : elle allait bientôt solliciter l'établissement au chef-lieu de la Haute-Vienne d'un tribunal révolutionnaire, déclarer que, pour juger les suspects, « l'opinion publique devait suffire », et applaudir à la motion d'ôter à leurs parents les enfants des suspects « dans la crainte que le venin aristocratique les corrompît ». Elle recevait les délégués des clubs de Saint-Yrieix et d'Eymoûtiers qu'elle avait exclus de l'affiliation et exigeait qu'ils fissent publiquement amende honorable avant de les autoriser à reprendre le beau nom de Jacobins[2].

La municipalité louait la Convention d'avoir « élagué de l'arbre de la liberté les branches parasites ». Quant à l'administration départementale, épurée, elle se montrait jalouse de faire oublier ses erreurs. L'évêque était devenu son inspirateur et son guide, et le frère de Gay-Vernon la dirigeait dans les voies du plus irréprochable civisme. Le lendemain d'une séance du club où les paroles enflammées des deux représentants du peuple avaient provoqué une manifestation enthousiaste, les administrateurs adressaient aux autorités bordelaises un arrêté conçu dans les termes les plus virulents, et leur déclaraient qu'à la moindre démarche suspecte, au moindre mouvement des Girondins, le peuple de la Haute-Vienne, ayant à sa tête ses magistrats, marcherait contre eux pour « chercher la mort ou la leur donner ».

---

1 et 2. Registres de la période révolutionnaire à l'Hôtel de Ville de Limoges.

Mais déjà Bordeaux était dompté. Lyon, devenu Commune-Affranchie, terrifié par les exécutions des Brotteaux et de la Guillotière, tenu en respect par la menace d'une destruction complète, se taisait et tendait le cou au joug. Les Jacobins triomphaient à Caen, à Rennes, à Dijon. Toutes les protestations étaient étouffées dans le sang. La fusillade, la mitraille, la guillotine faisaient leur sombre besogne. La France était la proie de la Terreur et chaque jour s'élargissait l'abîme où devaient disparaître l'un après l'autre les derniers héros des grandes luttes de la Convention.

Imprimerie Gouverneur, G. Daupeley à Nogent-le-Rotrou.

www.ingramcontent.com/pod-product-compliance
Ingram Content Group UK Ltd.
Pitfield, Milton Keynes, MK11 3LW, UK
UKHW022252120726
13694UKWH00003B/1051